FYNGOUD 1OZ FINE GOLD

KRUGERRAND
19 82
FYNGOUD 1OZ FINE GOLD

19 KRUGERRAND 82
FYNGOUD 1OZ FINE GOLD

KRUGERRAND
19 82
FYNGOUD 1OZ FINE GOLD

手把手教你成为理财行家

黄卫平　宋晓恒　著

经济日报出版社

图书在版编目（CIP）数据

手把手教你成为理财行家/黄卫平，宋晓恒著．—北京：经济日报出版社，2008.9

ISBN 978-7-80180-896-7

Ⅰ．手…　Ⅱ．①黄…②宋…　Ⅲ．私人投资－基本知识　Ⅳ．F830.59

中国版本图书馆 CIP 数据核字（2008）第 135550 号

手把手教你成为理财行家

著　　者	黄卫平　宋晓恒
总 策 划	韩文高
执行策划	虹　露
项目统筹	李德伟　童有好　金　娟
责任编辑	钱大川
出版发行	经济日报出版社
地　　址	北京市宣武区白纸坊东街 2 号（邮编：100054）
电　　话	010－63567691　63568023（编辑部） 63567683（发行部）　63567687（邮购部）
网　　址	www.edpbook.com.cn
邮　　箱	jjrb58@sina.com
经　　销	全国新华书店
印　　刷	北京市耀华印刷有限公司
开　　本	710×1000mm　1/16
印　　张	9.25
字　　数	85 千字
版　　次	2008 年 9 月第一版
印　　次	2008 年 9 月第一次印刷
印　　数	1～10000 册
书　　号	ISBN 978-7-80180-896-7
定　　价	28.00 元

前　言

如果您或者您的家庭有过这样的经历：为了孩子上学自己不得不省吃俭用；看到别人买房、买车自己却只能羡慕；子女的风光婚礼几乎掏光了家里所有的“银子”；多少年来辛辛苦苦积攒的“家底”却因为通货膨胀而不断贬值；手中有了点钱却苦于没有好的投资渠道，那么这就是写给您的书。

在一生当中，人们希望能够满足各个层次的需求：在满足温饱的前提下，追求的是安全无虞；当基本的生活条件获得满足之后，则要求得到社会的尊重，并进一步追求人生的最终目标——自我实现。而这一切，无不与理财密切相关。理财的目的，就在于追求更加丰富多彩的人生；个人理财的终极命题，就是如何有效地安排个人有限的财务资源，实现其一生生命满足感的最大化。本书正是本着这样的宗旨进行构思和写作的。

本书的最大特点就是提供给您一整套思想、技术和方法来认识清楚自己和家庭的财务状况，做出合理的分析，实现财富的稳步增值，运用增长的财富来满足自己既定的人生目标，达到属于您自己的财务安全和自由，实现自我的财务解放。

本书将复杂的投资问题简单化，将专业的理财技术平民化，远离了复杂的数学，远离了繁杂的推理，用平实的文字、风趣的评议风格将您带入属于您自己的投资和理财世界。

书中深入浅出地剖析了日常投资、理财中带给我们损失的主要原因，提出一些投资、理财中的错误观念进行探讨，在理财的同时思考一些财理，这是本书又一特色，也是为读者在创造价值的同时更远、更深地进行一些思考提供我们的一点见解。

目　录

第4章　轻松解决教育难题

第5章　化解购房置业难题

第1章
智慧家庭财务分析法

要实现个人、家庭的各项目标，首先要做的是摸清家底。家庭财务状况的好坏取决于生活决策的品质，安排得当，能够逐渐改善家庭财务状况；安排不得当，再好的财务状况也会迅速恶化。

投资资产和自用资产的分析是家庭决策的前提。拥有更多的投资资产就意味着我们未来的生活会更好，我们必须为未来的目标储蓄和投资。

您的家庭是否有过这样的经历：为孩子上学花光了手头所有积蓄，自己不得不节衣缩食；为父母治病几乎倾家荡产；看着别人买房、买车，自己却只有羡慕的份；为子女结婚几乎掏空了家底；辛苦半辈子攒下的血汗钱却因通货膨胀而不断贬值；手中刚有了点钱，不多不少整十万，又苦于没有可靠的投资渠道，炒股票怕赔钱，买债券嫌太慢。**是生活的无奈，才使我们学会了放弃。**

其实，每个人、每个家庭都想实现财富保值增值的目标，都想创造生活的富足和安康，展现生命的多彩和欢乐。每个人和每个家庭所追求的目标都是多元化的，人的一生更应该活得丰富多彩。**每个人和每个家庭要考虑的是实现整体的最优而非单一目标的最优，说得再具体一点，就是要做到子女教育、养老、购房、购车、投资、财产分配与传承等方面的最优安排。**

当您明白这些以后，如果再有人问起您是否还想实现自己当初的理想、追求心中的那份自得与安详的时候，您必定会做出肯定的回答。

现在就来帮您一步步实现您的家庭理想。

第1节 清产核资，摸清家底

这个问题提得好像很有趣，因为很多人都说，我怎么会不了解自己的财务状况呢？可事实并不像您想的这样，退一步讲，很少有人会坐下来系统地整理、分析、思考和理解自己的财务状况。

要实现个人、家庭的各项目标，首先要做的是清产核资，摸清家底。**家庭财务状况的好坏取决于生活决策的品质，安排得当，能够逐渐改善家庭财务状况；安排不得当，再好的财务状况也会恶化。**

一、建立家庭资产负债表和现金流量表

为方便您对自己家庭财务状况进行充分的了解和透彻的分析，我们仿照企业资产负债表和现金流量表的形式做成家庭资产负债表和现金流量表。通过填写这两张表，您对自己的财务状况就会了然于胸，就会迅速发现财产流失的黑洞。

请根据自己的实际情况填写下表。这两张表的作用非常

大，越到后面您越会有这样的感觉。

表 1－1　家庭资产负债表（单位：元）

<table>
<tr><th colspan="3">资　产</th><th colspan="2">负　债</th></tr>
<tr><td rowspan="5">流动资产</td><td>现金</td><td></td><td rowspan="5">信用卡贷款余额</td><td rowspan="5"></td></tr>
<tr><td>活期存款</td><td></td></tr>
<tr><td>定期存款</td><td></td></tr>
<tr><td>其他类型存款</td><td></td></tr>
<tr><td>货币市场基金</td><td></td></tr>
<tr><td rowspan="6">投资资产</td><td>股票及权证</td><td></td><td rowspan="6">消费贷款余额</td><td rowspan="6"></td></tr>
<tr><td>债券</td><td></td></tr>
<tr><td>基金</td><td></td></tr>
<tr><td>期货</td><td></td></tr>
<tr><td>理财产品</td><td></td></tr>
<tr><td>投资房产</td><td></td></tr>
<tr><td rowspan="5">自用资产</td><td>自住房</td><td></td><td rowspan="5">汽车贷款余额</td><td rowspan="5"></td></tr>
<tr><td>机动车</td><td></td></tr>
<tr><td>家具及电器</td><td></td></tr>
<tr><td>衣物</td><td></td></tr>
<tr><td>其他个人资产</td><td></td></tr>
<tr><td rowspan="3">无形资产</td><td>专利</td><td></td><td rowspan="3">房屋贷款余额</td><td rowspan="3"></td></tr>
<tr><td>商标</td><td></td></tr>
<tr><td>著作权</td><td></td></tr>
<tr><td rowspan="3">其他资产</td><td>遗产</td><td></td><td rowspan="3">其他贷款</td><td rowspan="3"></td></tr>
<tr><td>遗赠</td><td></td></tr>
<tr><td>赡养费</td><td></td></tr>
</table>

表1－2　家庭现金流量表

<table>
<tr><th colspan="3">收　入</th><th colspan="2">支　出</th></tr>
<tr><td colspan="2">工资和薪金</td><td></td><td>房屋按揭还贷支出</td><td></td></tr>
<tr><td colspan="2">奖金和佣金</td><td></td><td>家电、家具和其他大件支出</td><td></td></tr>
<tr><td colspan="2">养老金和年金</td><td></td><td>汽车及相关支出</td><td></td></tr>
<tr><td rowspan="4">投资收入</td><td>利息和分红</td><td></td><td rowspan="2">日常生活支出</td><td rowspan="2"></td></tr>
<tr><td>资本利得</td><td></td></tr>
<tr><td>租金收入</td><td></td><td rowspan="2">衣物支出</td><td rowspan="2"></td></tr>
<tr><td>其他</td><td></td></tr>
<tr><td colspan="2">劳务收入</td><td></td><td>休闲娱乐支出</td><td></td></tr>
<tr><td colspan="2">债务收入</td><td></td><td>商业保险支出</td><td></td></tr>
<tr><td colspan="2">其他收入</td><td></td><td>其他支出</td><td></td></tr>
</table>

您填完这两张表之后，是不是突然发现在您所拥有的物品当中，不管是您的房子、您的汽车还是您的衣物，都是需要花钱来养护的？它们都是随着时间的推移要贬值的，是不能给您带来未来现金流的。为方便分析，我们把这类**不能产生未来正现金流的资产叫做自用资产**。也就是说，在您的资产负债表中有很多是自用资产，需要花钱去养护。

在您的资产负债表中还会有**投资资产，就是那些能够带来未来现金流的资产**，比如说投资房产、股票、基金、债券、各种理财产品等等。这些资产也有个特点，就是您**为了能够获得现金流，就必须先行投资，而且投资的收益大小和所投的资产类别与投资期限有很大的关联**。

二、您的钱包里装着未来的钱吗

在您的家庭资产当中，至少有两部分资产，一部分是投资资产，一部分是自用资产。对于投资资产来讲，它可以是您买下的房子，用于出租可收取租金；它可以是您买入的股票，在未来能够带来股息、红利；它可以是债券，未来能够带来利息；它还可以是您购买的银行理财产品，未来会带给您投资收益。要本着一个目的，就是说**要在自己的家庭财产当中拥有更大比例的投资资产，因为它能够带来未来的现金流，而自用资产则需要自己花钱去维持**。

在一个家庭中，自用资产多可能意味着两件事情：其一，您有较高的财富水平和生活水平；其二，或者您有较高的负债水平。因为自用资产的取得有两种方式：要么通过自己的努力工作用收入结余取得，要么通过负债取得。如果通过负债的方式取得自用资产，会面临着还本付息的压力。应该说，现在绝大多数家庭的房产都要通过银行贷款这种负债的方式才能取得，毕竟房屋这种资产的价值太大。

对于自用资产，我们应该仿照企业，为自己所住的房子、所用的汽车进行折旧。否则我们很难想象，在房子住到它的生命周期，比如说 30 年的时候基本成了危房，不得不搬家的时候，我们能不能有足够的钱去置换新房，当汽车报废的时候，我们有没有足够的钱去换辆新的。

如果站在这个角度上，您可能发现自己的财务状况确实存在问题，而且一般来讲，都不是很好。

拥有自用资产是为了把现在的生活好过，拥有投资资产是为了保障将来的生活水平。那么该如何在资产当中做一个平衡，才能使您的生活稳定进行下去，这就构成家庭决策所要考虑的一个问题。根据经验，**投资资产和自用资产应该各占50%左右。**

对于自用资产，比如说住房、汽车，我们更加关注的是我们个人的承受能力，因为不管是房屋还是汽车，很多都是通过银行或者金融公司的贷款购置的。至于每月房贷还款的额度，按照西方的统计来看，一般不超过个人税前收入的25%~30%。如果超过50%的话，那就成了社会当前经常提到的“房奴”了。房屋贷款加上其他贷款的每月还款额度，一般不要超过个人税前收入的33%~38%。

对于投资资产，我们需要它为我们带来未来的现金流，即投资收益。我们为投资所付出的，比如利息，就是我们的投资成本。即使是拿自己的钱去购买投资资产，也是有成本的。从这个角度来看，我们购买投资资产的时候，考虑的就不是个人的承受能力，而是投资收益和投资成本之间的对比关系。

那么投资收益是由什么决定的呢？把投资品本身的差异拿掉，仅仅考察不同的人对于相同的投资品进行投资的情况，我们就会发现，**投资收益的高低归根结底是由投资人自己的知识技能所决定的。**同样是股票投资，有人赚得多，有人赚得少，有人甚至赔钱，就很能说明这个问题。所以**在进行投资决策的时候，要考虑的是需要多大的融资成本，能换来多大的投资收益**。如果能够确定投资收益超过融资成本，就可以较多或者更多地拥有投资资产。

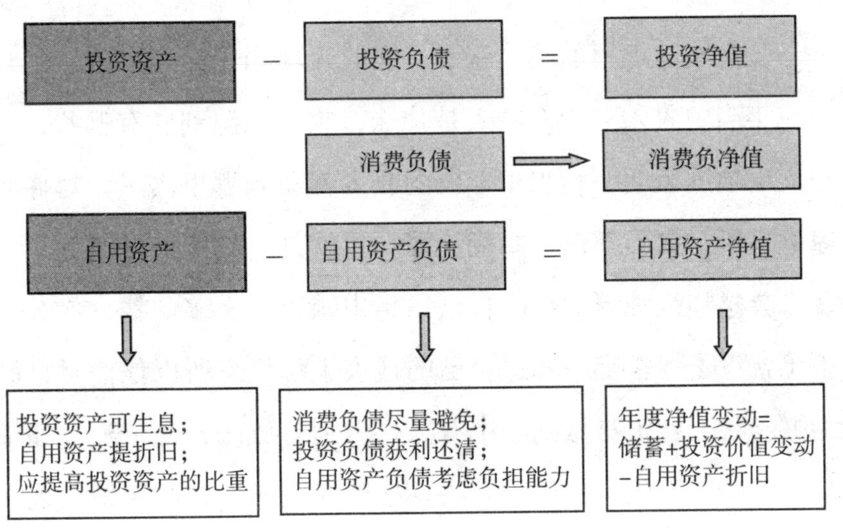

图1－1

对投资资产和自用资产的分析是进行家庭决策的前提。也就是说，投资资产满足的是未来生活水平的提高，因为它带来的是未来的现金流，拥有更多的投资资产，就意味着未来的生活会更有保障。我们的自用资产可能会有一部分是通过负债得来的，但不管是怎么来的，目的都是为了提高目前的生活水平。所以，**必须在在目前生活水平和未来生活水平之间做出权衡，也就是在投资资产和自用资产之间做一个权衡**，就会明白怎样往自己的钱包里装上未来的钱。

建议读者根据上面提供的表单，为自己的家庭财产登个记，然后参照图 1－1 进行归类，仔细分析一下，看它们都属于哪类资产。

三、钱从哪里来，流到哪里去

从您刚才填写的第二张表，在收入项当中，可以看清楚自己一年当中收入多少，收入是什么，收入来源到底有哪些；右边支出项则表明一年当中形成的收入都花到哪里去了。**对许多家庭来讲，支出都是一本糊涂账**，也就是说到年底的时候，许多人会感到很惊讶，会问自己一年中赚了那么多的钱，怎么一下子就没了呢？都不知道自己的钱去了哪里。所以他们对自己的财务状况就很难做到心中有数，做到有效的开源节流。如果您也有同样的问题，那我们**建议您养成刷卡消费的习惯**。现在很多人逛超市的时候，都会保留购物清单和小票，目的就是记账，但是这样做很繁杂，更何况有些超市不提供购物单据。如果刷卡消费，则每一笔支出都会清楚记在账单上，这样一年坚持下来，就会对自己的支出状况有一个相当清晰的认识。另外，刷卡消费也可以避免其他意外损失，如钱包丢失、不慎收进假钞等等。当然，并不是所有地方都能刷卡，这里只是希望大家养成这种习惯，目的就一个，能更清楚知道自己的支出花在哪里，以便对您的家庭现金流量表进行深入分析、研究。

对于收入而言，一般可分成两部分，一部分是工作收入，一部分是理财收入。为什么要这么划分呢？当考查人的生命周期时就会发现，一个人可能23岁大学毕业才开始赚钱，到60岁就已退休，那么在整个工作生涯内，也就是37年中可以依赖工作收入为自己的生活提供保障。在其他时间段，即从一出生直到大学毕业之前以及退休之后，又该怎么办？很多人在这些时候会面临收入不足甚至根本没有收入的窘境。**尽管说工作收入是源头活水，但是毕竟时间有限，所以我们在其他时间，就要更多依靠理财收入。**

在这里首先要明确一个观念，我们平时所赚的工作收入，只为一个目的，那就是满足生活支出，保证生活水平的稳步提高。但是您肯定会发现，**工作收入的增长速度远远赶不上生活支出的增长速度**，也就是说，生活水平的提高常常会受制于工作收入的提高，更何况在物价飞涨的年份呢。许多时候，**即使在工作期间，我们也需要依靠工作收入之外的收入来提高对生活的支付能力。**

这里所说的工作收入之外的收入是指合法的理财收入，比如房屋的租金收入，股票股息收入，保险、信托等理财产品投资收入等等。对于理财收入，我们更关心的是为了取得这些收入，我们应该做出哪些支出，我们将这种支出称之为利息保税支出，比如为了获得保险保障性收入，我们就得先支付保费。**理财收入减掉利息保税支出形成的差额，就是理财储蓄。**

理财储蓄可以有两个方面的用途，一是弥补工作收入不足而改善目前的生活水平；二是实现家庭未来目标，比如对许多家庭来说，理财储蓄可能更多是为了孩子的教育，是为了未来买房子，是为了自己将来养老。我们知道，对于这些大项支出来说，光靠工作收入的累积是远远不够的，即使勉强够了也是以牺牲其他方面的支出换来的。我们做过调查，目前很多人都处于一个尴尬的局面：如果把手中的钱买了房子或者汽车的话，马上就得勒紧裤带过苦日子，也就是说，打了酱油就买不成醋。所以，在满足我们生活目标的过程中，就要做出是实现单项的最优，还是满足生活目标多样化的、综合的最优这样一个抉择。一般人都会要求实现一个整体的最优，而不是某个个体的最优。为实现整体最优，就要在工作收入和理财收入之间权衡利弊，做出优化匹配。图 1－2 会帮助您更好地理解这方面的内容。

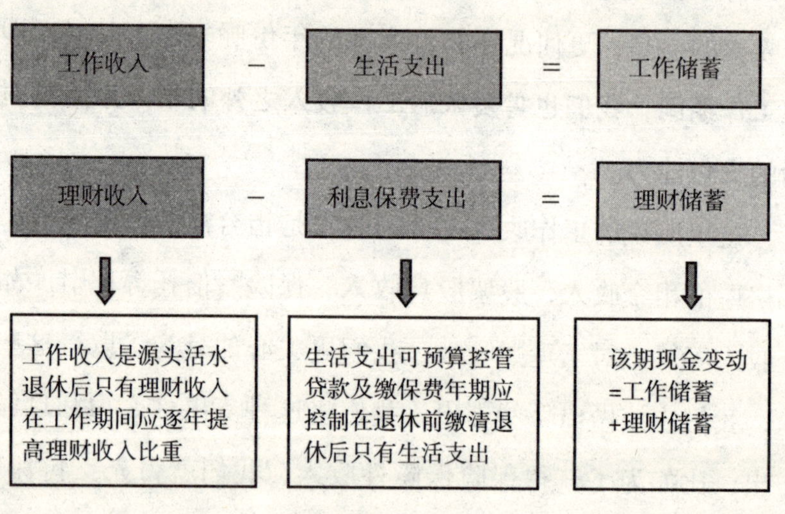

图 1－2

第 2 节　教您成为管钱高手

当我们在权衡工作收入和理财收入时，要本着一个最基本的原则，那就是当我们退休的时候，当我们没有了工作收入的时候，我们靠的是国家养老金的时候，靠的是企业年金的时候，我们会更多地希望我们在退休之前所做的各种各样的投资能给我们回报，能够满足我们退休之后还能继续过有品位的生活。这就提出了一个问题，**我们必须为未来的目标储蓄和投资。为了能够做到这一点，就要求我们对于自己的财务状况不仅要有一个相对清晰的认识，能够得出比较恰当的分析结论，更要有一套科学的财务管理手段。**

一、兼顾今天和明天

当我们一年到头有了一定结余的时候，当我们在银行里有了一些存款的时候，我们肯定都会想一个问题：这钱到底该怎么花？对于合理花钱，至少有三种选择，第一是满足目前的生活支出，使自己现在生活比较宽裕。第二要对风险进行一定程度的防范，简单说就是采取买保险的形式将风险分散，转移给他人共同来分担；或者是通过信托的形式，将事业风险回避掉。信托是一种财产管理制度，信托设立后，信托财产即从委托人财产中分离出来进入信托机构名下，这意味着进入信托的财产不会受到委托人所受风险的波及，避免债权人对信托财产的追索，保护信托财产不受侵犯。对于现代人来讲，一个人的工作收入可能不再单一，除了工资性收入外，可能还有劳务收入，比如对外输出劳务；可能有知识产权收入，比如写一本书拿版税；可能投资股票，即使一不小心炒成股东（指被套牢）的话，也还会有股息收入；如果把房子出租，又会有租金收入；还有一种可能，越来越多的人喜欢自己去创业，收入会更多。一旦发现收入源头很多的时候，摆在面前的一个最大问题就是风险防范，那么您所关心的事就是如何在您的家庭和事业之间建起一道防火墙，这时候更多要借助信托形式来完成。第三种选择就是为了将来的目标进行储蓄，就是为了未来的买房、买车，解决子女教育和自己养老等问题储蓄。对于这三种每个人都不得不做的选择，到底哪个在先哪个在后就成了问题。在我们看来，**首先要满足当前的生活消费，因为没有现在就没有未来，然后要满足风险防范，之后才是为未来的目标进行储蓄。**

那么我们该怎样在这些目标当中来分配我们的财力呢？经验表明，我们一般会把收入的50%～70%用于目前生活消费，把10%～15%用于保障，把20%～35%用于未来目标的储蓄，如图1-3。

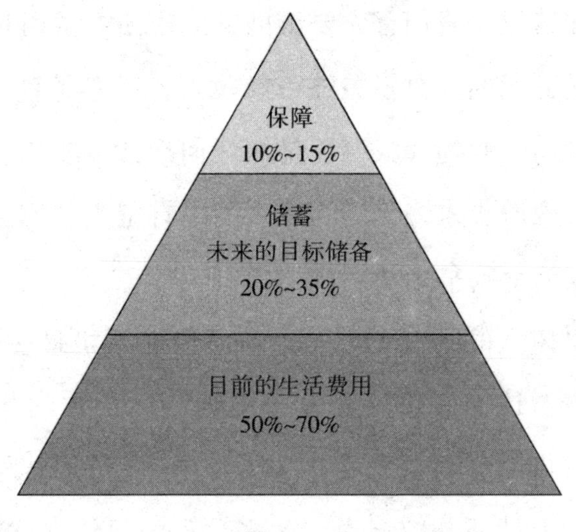

图 1－3

二、财富增长的新理念

在给银行的理财人员做业务培训的时候，我经常会问他们一个问题："您每个月的收入是多少?"有 90% 的人回答说他的收入是每个月 4 000 多元。然后我会紧接着问："您报的收入是税前还是税后?"然后他告诉说是税后的。那为什么当问及这个问题的时候，大家都倾向于告诉我税后收入呢？原因在于他们忽略了个人所得税问题。为什么会忽略呢？因为每月收入太过单一，只有薪金收入，而这部分收入的个人所得税是由单位代扣代缴的，所以不用自己操心。如果有人创办了自己的企业，他的回答就完全不一样，他会有深深的感觉，那就是所得税的筹划对他意义特别巨大。

所以在这里，我们首先要帮助家庭中所有成员树立的第一个理念就是：**我们应更多关注税前收入，而不是税后收入**。因为不管是逛街、购物、旅游还是做任何形式的支出，所花的钱都是我们的税后收入，我们的收入当中有很大一部分被政府无偿地以税收的形式拿走了。

我们要树立的第二个理念是：**还债的时机是在保障之后**。怎么理解呢？比如，您欠别人一笔钱的话，被问起时您肯定说还。然后再问您打算什么时候还，您肯定会说发了这个月工资之后马上就还。应该说绝大多数人的思维方式都是如此，尤其在亲朋好友之间相互周济救急，就更不用说了。但是站在家庭理财的角度来看，特别是按利息从银行贷款，这样做并不合理。那应该怎么做呢？我们的税后收入首先满足的不是还债，而是保障当前的生活支出。对日常的生活支出而言，我们要做好预算，搞好节流控管，尽量把更多的收入留下来形成储蓄。那么紧接着问题又来了，如果说我们已经满足当前的生活支出了，而且还有余额，我们该不该还债呢？其实这还不是还债的时候。为什么不能还呢？因为只是满足了目前的生活支出，我们还没有满足未来的目标，也就是说我们的未来生活还没有保障。为了一个有保障的未来，我们要做各种投资，要做好利息保税的支出，能确保未来生活无忧了才能还债。债什么时候还？大家要有一个明确的想法：**既要保证目前生活水平，同时还要满足未来目标，在两者都能满足情况之下还有余钱，才可以考虑还债。**

这里不是鼓励大家去赖账，而是像投资一样，教大家学会债务筹划，这也是一种财务策略，在西方国家屡见不鲜。不知道大家听没听过一种信托，叫做自由裁量信托，其妙处就在于它巧妙利用了债务的偿还策略。比如说有一个富豪，他有三个儿子，其中一个简直一点出息都没有，生活腐化堕落不说，欠债无数，而且还吸毒。大家想没想过，在这种情况下这个富豪会怎么办？这个富豪很明白，自己活着的时候还可以让这个混账儿子有口饭吃，万一自己哪天撒手人寰该怎么办？这个儿子债务如山，如果把自己的财产留给这个儿子的话，首先他缴不起遗产税，没办法取得遗产；就算把遗产给了他，那么多债务还不把遗产一扫而光？为了应对这种局面，富豪选择了自由裁量信托。信托计划中每个月仅支付给他这个儿子足够的但仅能满足他目前生活水平的钱，多余的一分钱都不给。大家知道，信托财产的所有权是不归他儿子的，他的这个儿子只能以信托受益人的身份出现，而生活费用又免受债务人的追索，这就合法地解决了"有钱但可以不还钱，同时还能满足将自己的生活保持在相对较高的水平"的问题。同样地，我们可以大胆进行推测，如果设计周密，一个人甚至到死都欠债不还，还可以继续做他想做的事情也是可能的，只要他和理财专家充分合作。

当我们考虑用什么样的产品来实现未来目标的时候，要更多考虑如何减债减息，如何做好一个保险组合，才能使我们花费尽可能少的成本得到尽可能大的保障。当我们满足了当前和未来的生活目标之后还有余钱的时候，就应该用这笔钱还债了。如果它不够还债的话怎么办？那就转到下个周期。如果还完之后还有剩余怎么办？我们可千万不能让自己的钱沉淀下来，因为货币运动起来就是资本，就能带来剩余价值，一旦停止下来就只是货币符号了。卡尔·马克思告诉我们，钱只有进入生产领域才能产生价值；保罗·萨缪尔森告诉我们，货币一旦运动起来就会产生价值，不管货币进没进到生产领域。不管是哪个人的话，都告诉我们一个观念，就是我**们一定不能让自己的钱在床板下压着，我们的钱应该时刻运动着，最差的方案也是将钱存在银行里，尽管这是最不可取的。**

我曾经和很多人聊过天，他们讲："我一年中所赚的钱基本上都不用，我每年只取一次钱，就是年底的时候，而且我不亲自去，是让我媳妇去取。"表面上看这些人很风光，好像有数不清的钱，实际上犯了个天大的错误，竟让自己的钱进到一个不应该去的地方——银行。道理很简单，很多时候银行存款实际利率为负，连通货膨胀都抵御不了。这就提出了一个问题：怎样才能使我们的财富增长而且还要快？**当我们兜里有剩余的时候，一定要记住一句话：要使我们的财富不断成长。**

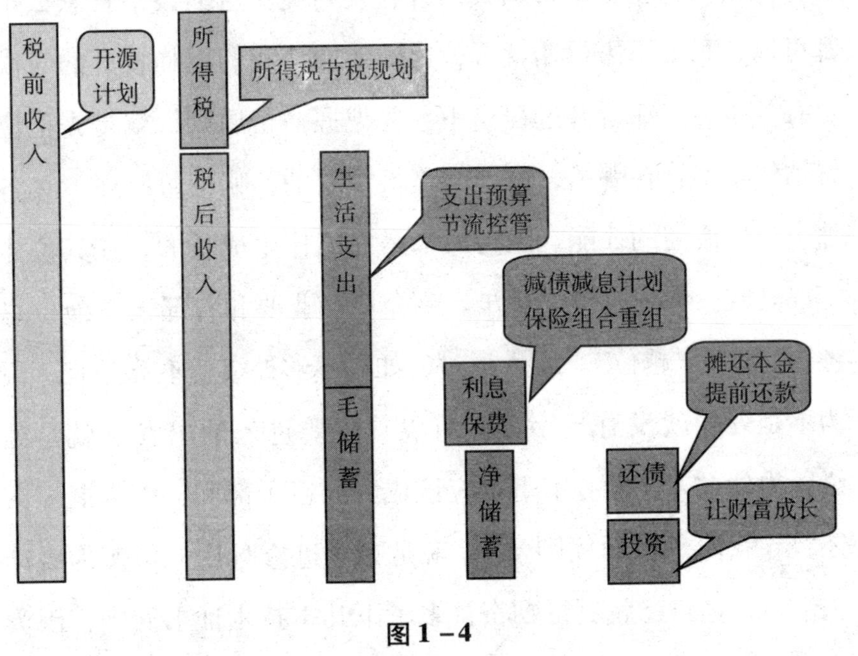

图 1－4

三、财富增长的快乐法则

之所以说让我们的财富快乐成长，就是要赋予财富成长以人性，在实现我们人生的幸福过程中达到财富增长。大概可以有下面几种方式。

首先，让自己的工作收入尽可能多。大家想想，工作收入怎么样才多呢？第一条肯定是晋升，这是最稳定的收入来源。中国古话说“升官发财”，它告诉我们**提高收入的关键在于晋升**。怪不得老祖宗“学而优则仕”。在美国大选的时候，总统候选人都有竞选基金，那么在我们的家庭当中，是不是也应该留一笔钱作为基金来帮助我们升官发财呢？这笔钱不管怎么用都可以，只要不去行贿就行，这样才能使我们面临晋升的时候更有竞争力。在晋升过程当中，要把握一个原则，就是先把位置站住。不管在哪里，位置都是最重要的，哪怕暂时还不具备那个位置所需的才能。因为人都是在工作中成长的，在其位才能谋其政，你才有机会进步。一介草民非要和省部长“换位思考”，那叫“越位”。有人说过，如果不够处级就不算是官，因为不是处长就没有签字权，所以首先要进入的出发点就是处级。为什么即使没有本事也应该成为处级干部呢？因为老祖宗还教导我们“仕而优则学”，就是在职进修呀！上司派你脱产去学习，你自己就更得勤奋，多考下几本技术证书回来，因为现在是“学习型社会”了。通过努力学习和工作，假行家早晚有一天会变成真行家。更何况我们现代人比老祖宗更聪明，我们创造了另外一句话，叫“仕不优则学”，就是说当了官以后，为了让别人不拿自己当草包，一定要想办法提高自己的学历，这是以后晋升的门槛。这时你比以前有了太多的优势，你不仅有下属，还有资源，由一个团队来帮你完成学业并成就事业，你成功的机率还不够大吗？

当然，并不是所有人都有晋升的机会，也并非所有人都热衷升官发财。除晋升之外还可以有另外的办法，比如跳槽。人一生当中至少要跳槽两次。第一次跳槽是为什么呢？因为对一个年轻人来讲，刚刚走出校门，社会经验不多。刚到单位工作的时候，由于自己年轻，经历少，可能会办错事、说错话，这样会给同事和领导留下一种成见，以后哪怕再加倍努力，也很难改变他们对自己的看法。所以，**第一次跳槽是从不成熟走向成熟的必要阶段，和收入没有关系**。那第二次跳槽呢？这次跳槽是因为我们知道了自己真正想要什么，想成为什么样的人，想要提高自己的收入水平。这时我们会选择一个适合自己的职业、适合自己的位置。可以这么说，**第二次跳槽和自己的收入紧紧相关**。大家知道，现在的社会是一个分工越来越专业化的社会，并不是所有工作带来的收入都是一样的，即分工不同、收入迥异。如果入错行，跳槽就是不得不选择的办法。当然，这不是鼓励大家都去尝试跳槽，而只限于那些对自己的工作和收入状况强烈不满的人。

其实，普遍适用于每个人的提高收入水平的办法是做兼职，就是搞点副业。在这里要纠正一个大家对于主业和副业的普遍错误看法。有很多人以为自己的主业就是在单位做好本职工作，副业就是下班后在外面打份零工补贴家用。其实在理财规划师的眼里，这种看法不对，也就是说，**能带来最丰厚收入的工作叫主业，不管它是谁给的；收入较少的那份工作才叫兼职**。所以，对于兼职大家要有一个全新的认识。那么您兼职了吗？您在干好八小时，难道没有利用很多便利的关系，干一点自己的事吗？真在外面干大发了，八小时以内不也成了兼职吗？

合法提高收入最快的方式当属创业，但是风险最大。其实在创业的人群当中，大多数都本着传统的方式组成家庭，类似古代的男耕女织，男主外、女主内。由于现在生活压力太大，仅靠薪水来维持状况很难，即使双薪家庭可能也是勉强维持，于是乎大家纷纷创业。尽管成功者很少，而一旦成功生活就会大不一样，靠的便不是薪水。我曾经和一些公司老总聊过天，他们当中很多人都是独立支撑整个家庭。他们讲："为什么我喜欢让妻子在家里工作呢？因为我觉得男人在外面太累，什么人、什么事都要接触，花天酒地的事也免不了，回到家以后心里感到特累，也特别想清洁自己的心灵。心灵纯洁、白玉无暇的妻子可以帮我净化心灵。有这样的女人在身边，第二天上班的时候，就可以做到出淤泥而不染。"很多男性承认，如果选择一个比自己小 5 岁的女子结婚的话，生出的孩子是最健康的；如果找比自己小 10 岁的女子结婚，夫妻生活是比较幸福的；如果找一个比自己小 15 岁的女子结婚，孩子、夫妻生活和心理感受等更多的指标都很好，最重要的是，小 15 岁的女人心灵更纯洁。

还有一种更有效的办法，就是做好投资理财。比如说，可以把手中的钱借出去（不是借给个人，而是借给机构），在利率高的时候我们赚的就多；可以把钱投入股市，如果股价上扬，我们就赚了；可以买房子出租，房租上涨了就赚多了。有个朋友 2003 年在北京西二环花 4500 元一平方米买了 100 平米的房子，令他没想到的是，租金每月竟达到 5000 元/月，按这个速度，7 年半的时间就净赚一套房子。其实在投资的时候，我们只需考虑融资成本和投资收益之间的对比关系，**如果不能**

提高投资收益，就要设法把成本降低，也相当于增加了我们的投资收益，毕竟降低投资成本要比提高投资收益容易得多。对于投资和理财来讲，考察的是一个人的才智水平，才智水平表现在我们有没有更好的办法让别人为我们赚钱（比如买入成长性好的公司股票长期持有）；如果不能，那我们有没有办法将别人口袋里的钱转移到自己口袋里来（比如股市中高抛低吸套利）。为什么会这样讲？很简单，现在是知识资本经济时代，更重要的是**投资资本不是货币资本，而是一个人的知识资本。大凡以小博大之人，向来都是属于高智商、高知识储备人群。**在这里给大家讲个故事：一个中国人和一个日本人在森林里遇见老虎，日本人马上蹲下系鞋带，中国人看了笑他说："你还能跑过老虎啊？认命吧，老弟！"日本人站起来回了一句："老兄，我只要跑得过你就行！"言毕飞身而去。投资理财也一样，只要你做得比你身边的人好一点点就行，你就成功了。

如果我们能够降低不必要的支出的话，就会有更多的收入沉淀下来，就会更便于实现我们生活当中的各种目标，方便我们做出各种决策。

降低不必要的支出是不是要省吃俭用？这大可不必，因为人来到世界上应该是享受生活的，省吃俭用在很大程度上是和我们的目标相左的。所以我们关心的是那些既能保持生活水平不变，又能降低支出的办法。告诉大家一个办法，不妨试试看，比如男女搭配得当的话，能够有效降低生活支出，难道您不信吗？女士大都喜欢逛街，知道哪家店里卖什么东西，哪些东西有折扣，这个折扣该怎么用，在这方面女士要比男士在行多了；但是您会突然发现，女士身上有一个致命的弱点，就是她认为便宜的东西都会买回家，这些东西又大多没有用。男士则不一样，到商场之后直奔自己的目标，买的东西一用就是好多年，但是很不幸，男士买东西的成本一般很高。想想看，如果男女搭配的话，女士先去半个小时男士再出发，因为女士逛了半个小时之后，她的购物欲望才会真正激发出来，而男士逛街半个小时就厌烦了。所以说要女士先走半个小时，之后男女会合，由男士决定买什么，女士决定怎样买，这样就同时利用了男女之间的优势，既提高了生活水平又降低了生活支出。

另外还有一个策略，但并不是所有人都能用，叫做积极利用公共财政。政府财政支出当中有很大一部分是以资金转移支付的形式去帮助穷人、去扶助弱者的，但也不是人人有份的。**如果我们符合条件，就应该充分利用好国家的各项政策优惠**。比如很多城市的安居工程，是为城市中低收入者建的，带有政府补贴的性质，但真正住进安居工程里的并不一定是最穷的人；比如城市周边一般都会有“小产权”房，我们如何能够低价买到，同时又免受类似北京宋庄那样的诉讼，这不都是很真实的例子吗，即然不是人人有份，这种政策优惠你不用别人也会用。

对于个人和家庭而言，是否做出这样的决策，所要考虑的第一个问题应该是不违反法律；在这个前提之下，要符合社会伦理，不违反社会道德。生活中省钱的办法很多，只要我们善于发现、善于总结肯定能达到目的。

四、财富增长的时间法则

对于个人和家庭来讲，不管现在做出的决策是什么，最大的制约因素就是财富的规模，如果手中钱不够多，有些事情就办不成。如何才能使我们的财富足够多呢？我们听过一句话，时间就是金钱，只要有时间就什么都会有。现在想想，我们的财产是怎么来的？还不是经由时间的积累，靠自己的聪明才智打拼和积攒出来的？在理解财富增长的时间法则方面，**我们要把握的第一要素就是尽早开始**，时间的魅力在这里体现得特别充分。我们做过这样的测算，做好两件事情可以保您一辈子生活无忧。

第一件事：**用礼金养老**。两个年轻人结婚的时候肯定要办上一桌酒席，收取一些礼金。礼金怎么用呢？很多夫妇新婚收下礼金之后就买汽车，结果背上沉重的经济负担，因为汽车在未来要不断消耗我们的收入。礼金怎么处理才好呢？我们建议一人一半分了，各自买入股票型基金，这时离自己退休的，大概还有三十多年。三十多年对于股票市场而言是一点风险都没有，股市的特征是短期有风险，长期无风险，再加上买的是基金，不是个股，肯定不会面临个别企业倒闭带来的威胁。如果年轻的朋友这样做了，保证到退休的时候有足够的钱养老。账是这样算的：假设礼金收入共 4 万元，每人分到 2 万元，投资股票型基金的年平均回报率为 12%（根据中国 2000～2005 年数据测算的结果），投资期限为 32 年（假设 28 岁结婚，60 岁退休），到 60 岁时两人各有 148.4 万元，20 000 $(1+12\%)^{32}$ 合计共有 296.8 万元。也许有人不理解这里为什么强调分别持有，原因在于我们要规避婚姻风险，避免不能共同走完人生旅程。

两个人婚后生活在一起，正常情况下不用多久孩子就会生出来。这时可能最关心的就是孩子未来的教育问题，毕竟上大学是需要好多银子的，更何况还有很多父母想把孩子送到国外去读书呢！制约他们最大的问题就是钱。所以这里再给出一招，即我们要做的第二件事：**满月酒撑起读书郎**。怎么做呢？当孩子生下来后民间有个习俗，就是孩子长到百天的时候要摆宴席，请一次满月酒，亲朋好友、姥姥、姥爷、奶奶等都来祝贺。要记住一个原则，**满月酒的收入要给孩子留着，这笔钱不能动，要投入到股票型基金中去，等孩子 18 岁上大学的时候再将基金赎回，肯定能圆孩子的大学梦**。18 年的期限投资股票是没有风险的，如果要孩子养成理财的习惯，每年还要将压岁钱以定期、定额的方式投入到这只基金当中，可能出国读书都够了。测算过程如下：假设投资回报率为 12%，满月酒席收入 1 万元，每年压岁钱 500 元，18 年后教育基金总额为 10.5 万元。

年轻夫妇最关心的一个是孩子的教育问题，一个是自己养老的问题，有了上述安排，这两大难题就化解了。这就意味着在今后的生活当中，夫妇两人收入多少钱就可以花掉多少钱，都能保证自己将来不会出现亏空。现在您就会明白为什么美国人敢那么花钱，那是因为尽管美国人自己没有做养老规划，但是美国有一个东西叫做养老基金，可以保证他们到老的时候生活无忧。

这两件事情对我们有什么启示呢？要想积累财富，首先要树立一个观点，那就是要尽早开始，越早越好。站在时间的角度上看，现在已经四十多岁的人离退休的日子越来越近了，只差十来年了，投资什么东西都会有风险，就是因为时间太短了。化解风险最好的办法就是时间，但是时间对四十多岁的人来讲，已经不够了，这种情况下该怎么办？后面会给大家讲如何做英明的投资。

五、财富增长的数量法则

这里再给大家介绍财富积累的数量法则，简单说就是尽量多存，连续不断。为何要尽量多存呢？行动比口号更响亮，只有把钱先投入进去，才有可能在未来有个好的产出。有一套评价标准也是借鉴美国的，就是对个人来讲，要把每月薪水的1/10以各种各样的投资形式保有。我们自己做到了吗？应该说很多人都没有做到。如果我们能够把薪水的1/10连续不断投入一只管理良好的基金，而且是只买入，暂时不赎回，这将在未来产生极为“可怕”的结果，也许我们会在未来有花不完的钱。为什么会产生这样的结果呢？我们要借助数学计算来理解，我们每投入一笔钱，都会是复利增长，复利的魅力很大。大约350年前，西方殖民者从印第安人手中买下了曼哈顿岛，花了大约价值25美元的饰品。这笔钱如果按6%的年利率复利计算，今天是多少钱呢？是180亿美元。即：

$$V_n = \$25 \times (1+6\%)^{350} = \$1.8^{10} = 180 亿美元$$

图1-5有助于理解复利和单利的区别，1美元分别按单利和复利来计算在未来10年内的收益差别。我们之所以强调尽量多存钱，就是要让更多的钱有这样的以复利增长的机会。

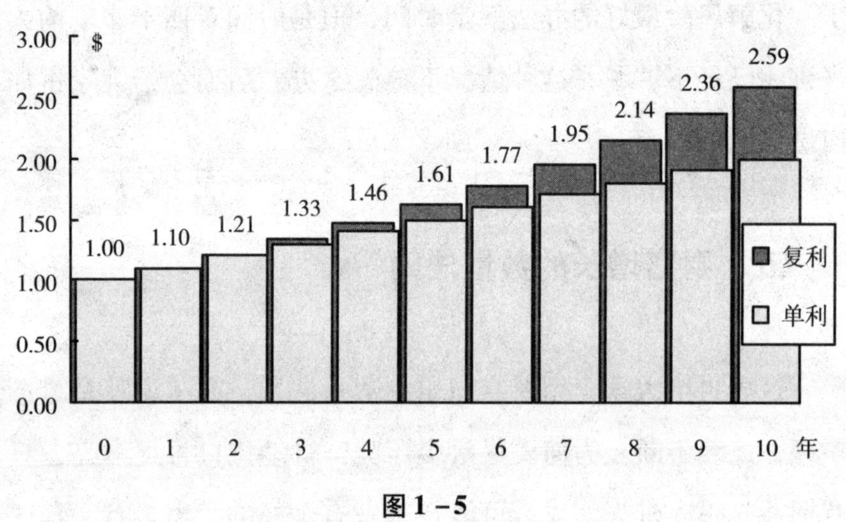

图1-5

不仅要尽量多存，还要连续不断，这叫强制储蓄。这种理念源于保险公司的保险费支付惯例，即保户每年都要支付保费，而且这种保费的支付是强制性的，如果中途停止则保险合同失效。只有这样做才能使自己养成强制积累财富的习惯，使未来有一个非常好的、非常高的财富的积累。生活中如何达到强制储蓄的目的呢？其实**只需我们到银行去办理基金的定期定额即可**。

以上讲的就是如何认清家庭的财务状况，以及如何对自己的家庭财务做出相对比较合理的安排的几种指导思想。

第2章

聪明投资大法

投资最重要的一条原则就是时间决定产品，时间决定收益率。股票、债券、基金都可以用作资产增值，但这三种工具的增值能力却与时间紧密相关。

投资成功的关键在于目标明确、具体、可执行。投资规划的核心在于将投资组合所包含的各种资产如股票、债券、房产、外汇、企业等风险和收益特征与投资者个人的风险和收益特征相匹配。

前面我们一直在谈财富的积累和增长，那应该做到什么程度呢？在这里有一个标准，就是成为富裕人士。什么是富裕人士呢？富裕人士是指拥有相当于100万美元以上资产的个人，这些资产并不包括自用的房地产以及轿车等耐用消费品。

第1节 私人银行——创造财富的高手

美林（亚太）有限公司2007年度《亚太区财富报告》中指出，2006年度中国共有34.5万名富裕人士，他们拥有的财富总值折合1.7万亿美元，而且财富聚集于超富裕人士的趋势越来越明显。所谓超富裕人士，是指所持金融资产超过3 000万美元者，在中国的34.5万名富裕人士中，有4 935名属于超富裕人士。我们把富裕人士和超富裕人士统称为“高资产净值人

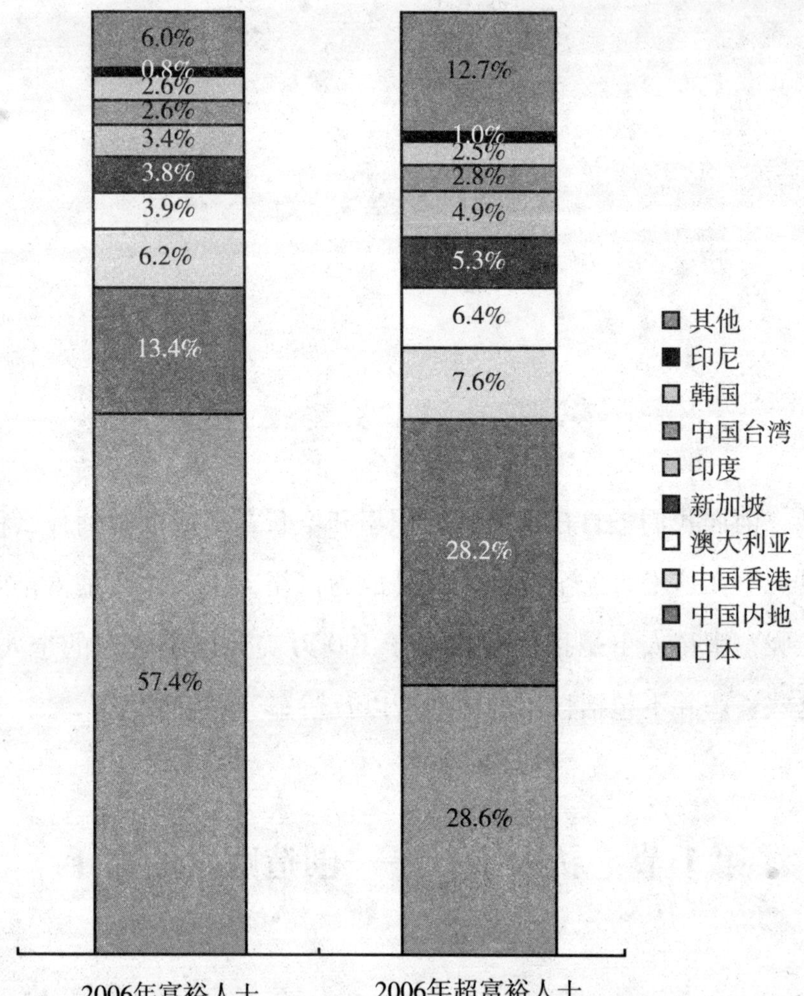

图2-1　2006年亚太地区富裕人士及超富裕人士分布比例（按市场划分）

注：①图中的数据经四舍五入后取整

②“其他”包括9个市场：哈萨克斯坦、马来西亚、缅甸、新西兰、巴基斯坦、菲律宾、斯里兰卡、泰国及越南。

资料来源：凯捷顾问公司罗伦兹曲线分析，2007。

士（high net worth individuals）”。中国富裕人士平均每人拥有资产额500万美元，远高于亚太地区富裕人士资产的平均水平（330万美元）。

我们从图2-1当中不难看出，财富在中国的分配是个什么样的趋势。在中国，超富裕人士占整个亚太地区的28.2%，但是我们的富裕人士，也就是100万美元净资产以上的，只占亚太地区的13.4%，说明在中国有钱的人是超级有钱，分配超级不平等。在这里为什么要提出富裕人士的划分呢？原因在于，一旦您达到了一个起点，即拥有100万美元以上资产，您就再也不用担心您的财富的升值能力了，会有很多国内外的金融机构打来电话，为您提供贴身理财服务。我们把可能为您这样“高资产净值人士”提供服务的机构叫做私人银行。下面举例说明提供私人银行服务的境外金融机构及其对客户的最低财产要求。

表2-1　提供私人银行服务的部分境外金融机构及对客户的最低财产要求

金融机构	最低要求（万美元）
美林集团	100
摩根大通	500
高盛	500
花旗银行	300
渣打银行	100
汇丰银行（亚洲客户）	300
巴克莱银行	200

（续表）

金融机构	最低要求（万美元）
星展银行	300
华侨银行	100
大华银行	20
瑞士银行（瑞士客户）	100

从表2－1中可以发现这样一个现象，那就是**当一个人的个人资产达到一定数额的时候，他就什么都不用管了。**所以我们研究的重点就变成了如何使我们的个人或家庭金融达到资产100万美元，为了稳妥起见，我们把这个目标定在1 000万元人民币，所以我们财富积累和增长的目标首先是1 000万人民币。

在中国，提供这种服务的金融机构也很多，而且都采用信托型私募基金的方式。信托型私募基金的投资起点相比境外要低一些。根据我国《信托公司集合资金信托计划管理办法》规定，私募基金的投资人相当于信托行为中的委托人，委托人资格为：具有完全民事行为能力的自然人或者机构法人；自然人不超过50人；机构法人人数不限。资金合法性要求：委托人保证交付的资金是其合法拥有并有权支配的财产；资金规模要求起点在100万元以上。

表 2-2　提供私人银行服务的部分境内金融机构及对客户的最低资金要求

集合资金信托计划产品	投资顾问	管理人	设立时间	信托单位净值实际增长率	最低认购额	托管行
深国投·赤子之心投资哲学集合资金信托计划	深圳市赤子之心资产管理有限公司	赵丹阳	2004年2月20日	93.7%（9月15日）分红率66%	50万元	工行深圳分行
深国投·明达证券投资集合资金信托计划	深圳明达投资有限公司	刘明达	2005年11月28日	67.06%（9月15日）分红率63%	调整为100万元	
平安·Pure Heart中国成长一期集合资金信托三期	深圳市赤子之心资产管理有限公司	赵丹阳	2006年6月1日	10.01%（9月18日）分红率10%	50万元	工行深圳分行
平安·晓扬中国机会一期集合资金信托集合	深圳市晓扬投资有限公司	杨峻			200万元	工行深圳分行

当然，如果您一不小心成了超富裕人士，那么会有国内外金融机构的私人银行部门为您提供量身打造的综合理财服务，您只需要求就行。比如英国著名的私人银行 Grosvenor Estate，它为威斯敏斯特公爵家族服务了三百多年，古老而富贵的家族进驻了一群律师、会计师和银行家。这些人一丝不苟、忠心耿耿地为这个家族打理投资、纳税、收藏、继承、遗产直到遗嘱执行。这就是最传统、最典型的私人银行，也被称做“家庭办公室”（family office）。私人银行服务充分尊重客户隐私，是在“综合考虑客

户意愿和客户的资产情况”前提下，提供“一整套完善的财务规划服务”。图 2-2 概括了私人银行的主要特征。

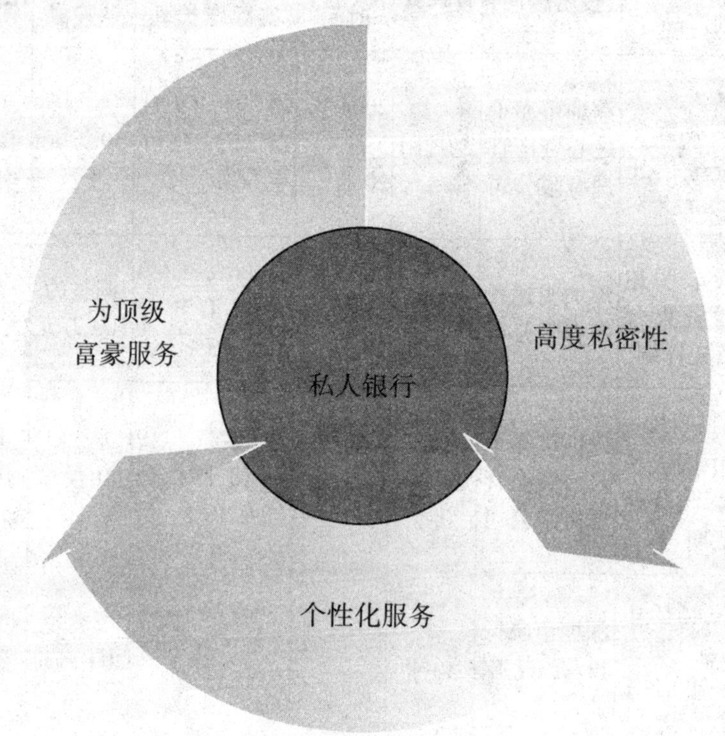

图 2-2　私人银行的主要特征

2007 年 3 月 20 日，中国银行与苏格兰皇家银行集团（The Royal Bank of Scotland，RBS）在北京中国银行总行大厦举行新闻发布会，两行合作向社会公众推出中国银行私人银行业务。作为国内第一批私人银行客户专属网点，中国银行私人银行部于 2007 年 3 月 28 日在北京朝阳区和上海浦东正式开业。

中国银行私人银行业务是中国银行与 RBS 合作在国内率先推出的一项新的银行服务，它以个人高端客户为服务对象，按照国际一流私人银行的运作模式，为客户提供私密、专享、创富、高品质的私人银行服务。通常，私人银行业务的服务对象是个人金融资产在100万美元以上的客户。

中国银行私人银行业务客户可享有：

- 高素质的专属私人银行家及投资专家提供的服务
- 根据客户风险随受度和金融需求，度身定制的世界级创新投资产品
- 世代规划、教育、税务和房地产等领域的专业服务
- 对国内法规环境变化的深度诠释
- 专属、尊贵环境中开展的私密银行服务

您一定听过“官不过厅，资产不过亿”这句话，是说这时候人最舒服。它还是有一定道理的：官不过厅局级，受到的管束不多；资产不过亿，既不那么扎眼，又可以享受隐私性较强的私人理财服务，这是多令人追求的境界啊！官再大一点，钱再多一些，就不知道有多少双警惕的眼睛盯着您了。

第2节　从穷人到千万富翁——最长只需58年

如果您问：“怎样才能有1 000万？没有1 000万怎么办？”那我们就问：“您有100万没有？”因为从100万到1 000万不是很难的事情，如果找对一个投资项目，或者说选准一种投资

品，每年10%的收益率还是比较容易做到的，只需24年就到1 000万了。如果您说您100万还没有的话，那就再问您有10万吗？因为从10万到100万，尽管10万的投资起点稍微低些，找10%收益率的产品就不多了，但也不是没有，比如一些信托产品就可以达到。这样24年的时间您就有100万了。如果您10万元都没有的话，那就问您有1万元吗？1万元翻到10万，就不要靠资本市场了，就是出卖劳动力，也要在10年之内拿下10万元。这样算下来，一共需要58年的时间您才能拥有1 000万元资产，这正好是一代人要付出的努力，58年是从穷人到富翁转变所需要的最长时间。其实我们用不了那么长时间，因为在投资过程当中，您会惊喜地发现，投资的规模才是您赚取利润率高低的第一决定要素，钱越多，钱就越好赚，从1万到10万是最难的，从10万到100万也很难，从100万到1 000万就不难了。香港首富李嘉诚就是先有了人生当中第一个100万的积累，然后资产就呈几何增长了。所以，**我们更应该关心的就是我们该如何累计资产的规模。**

那么在中国市场上大概是个什么状况呢？如果您有100万的话，平均投四种产品，也就是说25万投资在股票基金上，再拿25万投在债券上，还有25万投在房地产信托上（以房地产相关资产为投资对象的信托，比如物业），然后再拿25万买黄金。我们做过统计，从现在往前看50年，这四种资产在任何一年当中基本上有三种在上涨，一种在下降，每年15%是必赚的，这可是秘籍。如果一年能赚15%的话，从100万到

1 000万速度就快多了，原来需要24年，现在只要16年，可以提前8年从100万跨入1 000万。

在从100万到1 000万的奋斗中，还有加速效应在里面。如果您的钱再多一点，比如300万的话，还可以投资私募基金。这种东西能赚多少钱呢？平均复合收益率20%基本没有问题。这样，从100万到300万需要8年时间，从300万到1 000万则只需7年时间，这就是投资的加速原理。大家一般会比较关注股神巴菲特的投资回报率，据他自己计算，自1951年以来他的年均投资回报率为31%左右，而标准普尔500指数在此期间的年均涨幅为11%。

事实上，300万人民币仅为私募基金的投资起点，它仅表明您有资格进入，但未必能真正进入该私募基金计划。拿深国投民森A号计划来讲，他们针对两类客户，一类是机构客户，一类是个人客户。机构客户的投资起点是100万元，而且不限制数目；但是对个人客户，即自然人，起点为300万元，而且限定计划当中自然人人数不得超过50人，50个人从上往下排，如果排到第50名自然人的资产是750万，那么就算您有300万，有了资格，但还是没法进去。只能叫做您已达到这个标准，但是未必您就一定会成功进入。其实不用担心，只要您有300万，肯定有办法进入，至于怎么进，在这里就不讲了。所以，一旦您的财富达到那个层次的时候，赚钱对于您来讲就根本不是问题。比较难受的阶段是从10万到100万，因为对大多数家庭而言，都有10万左右的余钱，但是用这笔钱投资经常会失败，买股票容易被套，买债券额度太小，买黄金连一个金块都不够。怎么办？后面会教您。

第 3 节　保险公司一样可以提供综合理财服务

上面提到，一旦成为私人银行客户之后，您的日子就好过多了。其实**保险公司也能帮您创造财富**，比如全美互惠保险公司（Nationwide Mutual Insurance Company，NMIC），除了提供保险服务之外，还提供财务咨询和个人信托等服务。

和我们的生活关系较大的美国大都会人寿保险公司（Metropolitan Life Insurance Company，MLIC），世界 500 强排名 37 位，它和首都机场集团合资组建了中美大都会人寿保险有限公司，除保险服务外，还提供综合性的理财服务，如私人信托服务、特殊子女教育、减税规划、退休计划、遗产规划、个人退休规划和个人护理等服务。比如说我是一个民营企业主的话，可能有一大笔财富需要子女继承下去，我需要的是合格的继承人，所以特殊子女教育当中包含着继承人教育问题。可以想象得到，随着中国经济的快速增长，未来继承人教育在中国具有急剧发展潜力。由于保险公司也是面向高端客户提供理财服务，所以普通百姓也许根本不知道。

与中美大都会相类似的还有中国中信集团和英国保诚集团于 2002 年在广州成立的信诚人寿保险公司，也能给我们提供金融咨询和财务规划；还有2002年1月由意大利忠利保险有限公司和中国石油天然气集团公司合资组建的中意人寿保险有限公司，也提供类似的服务。给大家提供这几个保险公司，就是让大家开拓视野，以便更好地满足自己的财产需要。

第4节　投资品选择的时间原则

投资最重要的一条原则就是**时间决定产品，时间决定收益率**。

就各种投资工具而言，如果我们仅有一年时间，就只能选择一年以内的短期投资工具，比如活期存款等，其中最具有代表性就是货币市场基金。货币市场基金是投资于货币市场工具的基金，其投资一般由短期证券或等同于现金的证券组成，包括短期国债、商业票据、银行大额可转让存单、回购协议等，收益水平通常高出银行存款利息收入1~2个百分点。一年的时间决定了其收益率比较低，收益率仅能达到通货膨胀率，有时连通货膨胀水平都达不到。

如果我们有两年时间，除货币市场基金外，还可以持有短期债券型基金，收益率大概比通货膨胀高一点。

如果时间再长一些，比如5年左右，我们可以持有中期债券型基金，收益率在5%左右。

5年以上可以选择中长期债券基金，投资对象主要选中长期债券的基金，收益率在6%左右。

5～10年的时间可以选择偏股型平衡基金，投资对象中股票比重超过债券的基金，收益率在8%左右。

10年以上的投资品种更加丰富，最好投资于股票型基金，投资对象为股票和基金，收益率可以稳定在10%以上；如果是10～15年的话，平均收益率达到12%都没有问题；如果时间再长的话，比如20年，收益率就不知道是多少了。20年的时间如果投资在成长型股票上，年复合收益率20%以上也是很有可能的。

根据经验，给大家总结了下面常用的投资安排：

- 家庭预备金——3个月的支出额配置在活期存款和货币市场基金；
- 短期目标需求——2年内目标配置在定存、货币市场基金和短期债券；
- 中期目标需求——5年内目标配置在中期债券；
- 中长目标需求——5～20年目标配置在平衡基金；
- 长期目标需求——20年以上目标配置在股票或股票基金；
- 购房目标需求——可投资不动产证券化工具；
- 子女教育目标——可买教育年金类产品确保满足需求；
- 退休目标——可投资于股票基金获得长期增值潜力，也可买年金保险以防活得更长无钱可用

我们经常提到的12%的投资回报率是比较稳定的长期股

票型基金的收益率。其实在中国这样的环境下，年平均12%的投资回报率一点都不高，因为中国的经济增长太快了，每年基本都在10%以上。这就意味着**如果您每年的收入增长率或者投资收益率没有超过10%，用不了多长时间，您就会被淘汰，今天的富人也会变成明天的穷人**。股票、债券、基金都可以用于资产增值，但这三种工具的增值能力与时间紧密相关，如果时间短的话，就不要指望它们了。

图2－3以普通股票为例反映了投资的时间原则。股票投资在1～2年之内盈亏的可能性都很大，收益率在－26.47%～52.62%之间波动，波幅很大表明风险很高；如果投资期限在5年左右，收益率的波动大幅下降，在－2.63%～23.92%之间波动，平均收益率在14%左右；投资10年则没有任何风险，收益率在11%左右；超过10年的投资都没有风险，时间越长越向10%的年复合收益率回归。

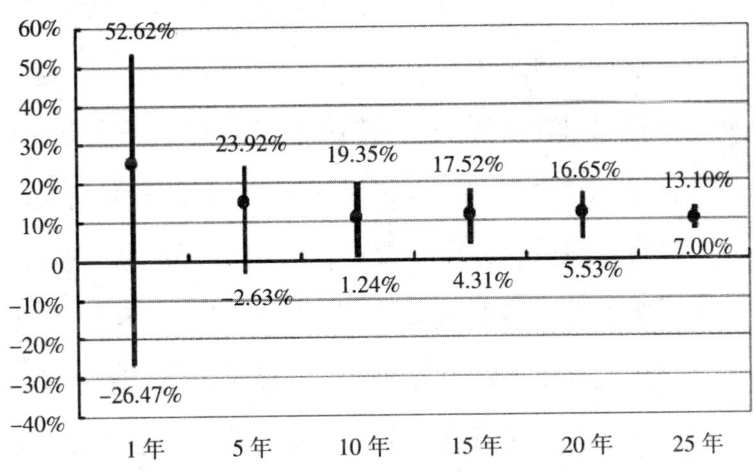

图2－3　1950～1997年不同时段普通股年收益率分布

第5节 手把手教您成为投资行家

一、什么是投资

根据经济学上的定义，**投资是指牺牲或者放弃现在可用于消费的价值以获取未来更大价值的一种活动**。这里所指的投资主要是家庭投资，或者叫做个人投资。**投资规划是根据客户投资理财目标和风险承受能力，为客户制定合理的资产配置方案、构建投资组合来帮助客户实现理财目标的过程**。我们很难将投资与投资规划分离开来。概而言之，**投资更强调创造收益，而投资规划更强调实现目标**。前者的技术性更强，要对经济环境、行业、企业和具体的投资品进行细致的分析；后者的程序性更强，要利用投资过程中创造的潜在收益来满足客户的财务目标，投资不过是工具而已。

如果不知道目标在哪里，我们的投资也就失去了方向，会成为无源之水、无本之木。如果只是把投资的目标等同为赚钱，则可以肯定地讲，这样的投资是注定要失败的。那我们的目标在哪里呢？简单说我们是为了实现财务安全和财务自由，具体说来则体现在以下八个方面：必要的流动性资产，合理的消费支出，实现教育期望，完备的风险保障，积聚财富，合理的纳税安排和安享晚年。我们**只有明确投资的目的是为了其中**

的哪一个或哪几个目标，我们才能从根本上解决投资问题。也正是从这个意义上，投资规划对于个人和家庭才更有意义。

请看下面这个例子：

王姓夫妇孩子8岁，预计18岁上大学，大学四年学费现在是5万元，预计学费每年上涨5%。他们想为孩子设立一个教育基金，每年年末投入一笔固定的钱直到孩子上大学为止。

我们是这样解决问题的：

第一步：计算孩子18岁时的大学学费

$$50\,000\times(1+0.05)^{10}=81\,445$$

第二步：假设投资回报率为6%

为什么要做出这样的假设呢？因为教育的目标是必须要实现的，金额没有弹性，而且投资不能有较大风险（投资的风险不是赔本的概念，而是投资收益的平均波动率大小）。

第三步：计算每年需要支出多少钱

$$A=V_n\times\frac{i}{(1+i)^n-1}=81\,445\times\frac{0.06}{(1+0.06)^{10}-1}=6\,180$$

第四步：怎样实现6%的投资回报率

根据经验，6 180元的投资组合平均分成两个部分，一半投资于中长期债券基金，一半投资于偏股型的平衡型基金。

让我们通过这个例子来体会投资的含义。投资的目的性，在这里是为了满足孩子上大学的需要；投资的额度是既定的，每年6 180元，属于专项投资，其他投资不能挤占这部分资金；投资的特征也很明显，属于保守型的长期稳健投资，这源于教育基金的特性；投资的对象也很明确，中长期债券基金和偏股型的平衡型基金，因为包含这两种基金的投资组合的风险收益特征和投资人为满足教育金储备的风险收益特征相匹配。

投资能否成功的关键在于投资的目标明确、具体、可执行。投资规划的核心问题就在于在实现理财目标的过程中，使得投资组合所包含的各种资产（股票、债券、房产、外汇、企业等）的风险和收益特征与我们客户的风险和收益特征相匹配，如图2－4。

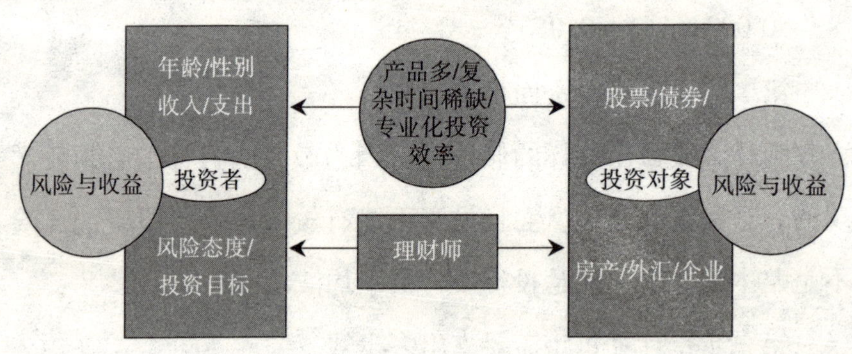

图2－4

投资组合的风险特征可以借助数学中的方差来测量，收益特征可借助于数学中的均值来度量，核心问题是资产定价，鉴于这项工作的复杂性，我们可能需要专业理财规划师的帮助才能实现，客户的风险特征可以通过填写“投资者风险承受能力调查问卷”加以实现，收益特征可以通过填写和分析“客户投资组合调查表”来实现。**排除投资者的个别差异，投资组合的好坏就成了投资成败与否的关键。**

投资者风险承受能力调查问卷

测试人姓名：____________________________

联系方式：____________________________

问卷内容

1. 您的年龄

□ 29 岁及以下　□ 30～40 岁　□ 40～50 岁

□ 50～60 岁　□ 60 岁以上

2. 您的家庭负担：

□ 单身或刚结婚，没有子女，父母在工作，无需赡养

□ 简单的三口之家，父母刚退休不久，有固定收入

□ 简单家庭，但有一定的家庭负担

□ 子女尚小，父母需要赡养，家庭负担较重

□ 家庭负担较重，例如家中有病人等

3. 您认为您将来的收入来源（包括薪水等）会如何变动：

□ 非常稳定，不出意外，每年增长 10% 应该不成问题

□ 稳定，相信每年能略有增长

□ 还算稳定，增长就不敢奢望了

□ 不够稳定

4. 如果可以选择，您希望您的收入如何构成？

□ 全部是固定薪水

□ 大部分固定，只有 20% 与工作业绩挂钩

□ 固定薪水和业绩挂钩部分各占一半

□ 大部分与业绩挂钩

□ 全部与业绩挂钩

5. 当您做出一个较大的投资决定后（比如交了商品房的订金、一次性买入较多基金等），您通常的感受是：

□ 忧心忡忡，非常后悔

□ 有点担心，如果可以反悔，希望能再多考虑几天

□ 还行，没有什么特别的

□ 轻松，觉得收益应该不错

□ 很高兴，对未来收益非常乐观

6. 您刚刚得到了获得一笔奖金的通知，但奖金的形式可由您自定，您希望是哪一种：

□ 3 000 元现金

□ 您有50%的概率赢得8 000 元，但另外50%的概率是什么也没有

□ 您有20%的概率赢得2 万元，但另外80%的概率是什么也没有

7. 您刚将您的一大笔钱做了投资，预期能涨50%，结果不到半个月价格下跌15%。假设这项投资的基本面没有发生改变，您会怎么做：

□ 加码继续买入，相信长期投资会带来丰厚的收益

□ 不特别担心，持有，观望

□ 暂时的亏损让您感觉不太舒服，暂时持有，密切关注

□ 卖出，以后再也不涉足这个领域了

8. 一般来说，投资的预期收益越高，风险也越高。假设您手头有10万元可用于投资，5年后可能会产生如下五种结果，您能接受的是哪种：

□ 最差0元，最好30万元

□ 最差4万元，最好25万元

□ 最差6万元，最好20万元

□ 最差8万元，最好14万元

□ 最差10元，最好12万元

9. 您目前有一个不错的投资机会，但投资门槛比较高，您需要借钱来投资，您会借钱吗？

□ 决不借钱

□ 可能会借，要回家商量一下

□ 一定会借

10. 对于投资期限，您一般有什么要求：

□ 不太在意投资期限，希望能有相匹配的长期收益

□ 1~3年为投资收益期限

□ 1年为投资收益的期限

□ 最好半年内能产生收益

11. 如果让您周围的朋友来评价您的话，您觉得他们会选择哪一种评语：

□ 经常尝试新鲜事物

□ 偶尔尝试新鲜事物

□ 接受新鲜事物比较慢

评分规则

1. 根据每个问题的得分相加得到总分，总分除以总答题数(11)，四舍五入后保留到个位数，得到客户最后得分。

2. 根据客户得分，将用户分为不同的投资类型：5 进取型、4 积极型、3 稳健型、2 保守型和 1 安全型。

3. 同时，只要客户的答案一触及灰色区域即评级为安全型(即问题 1 的答案 5；问题 2 的答案 5。客户只要选择上面任意一个答案即评为安全型)。

4. 每个问题各选项得分

第 1 题，顺次为 5、4、3、2、1；

第 2 题，顺次为 5、4、3、2、1；

第 3 题，顺次为 4、3、2、1；

第 4 题，顺次为 1、2、3、4、5；

第 5 题，顺次为 1、2、3、4、5；

第 6 题，顺次为 1、3、5；

第 7 题，顺次为 4、3、2、1；

第 8 题，顺次为 5、4、3、2、1；

第 9 题，顺次为 1、3、5；

第 10 题，顺次为 4、3、2、1；

第 11 题，顺次为 5、3、1。

投资组合中的投资工具按照风险（横轴）和收益率（纵轴）加以排列便形成了图 2－5，能够使我们加深对这些投资工具的风险收益特征的认识。

表 2－3　客户投资组合调查表

资产类别	当前价值	比　重（%）
债券		
股票和期权		
证券投资基金		
年金		
退休账户余额		
保险投资账户现值		
个人企业		
房地产		
其他投资资产		
合计		

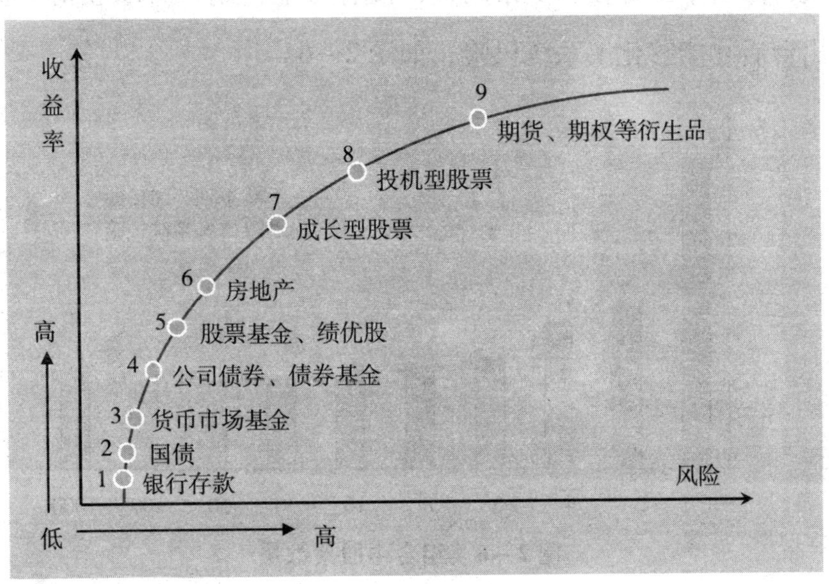

图 2－5

通过分析我们发现，从第 1 到第 6 种投资产品的特征是收益率提高的幅度大于风险提高的比例，这说明承担单位风险所获得的收益呈递增状态；从第 7 到第 9 种投资品则正好颠倒过来，风险承受得多，收益增长得少。从这个角度讲，普通投资者的投资产品仅限于第 1 种到第 6 种。

二、利用投资组合分散风险

投资组合分散风险的道理就像“不要把所有鸡蛋放在一个篮子里”一样简单。以股票市场为例，股票投资组合中的股票数超过 30 只，就已经基本分散掉了个别公司倒闭的风险，但是市场的系统风险没有化解掉。我们的股市现在系统风险巨大，因为牛市赚钱，熊市赔钱，没有做空机制，所以股指期货出台后才能够化解系统风险，如图 2－6。

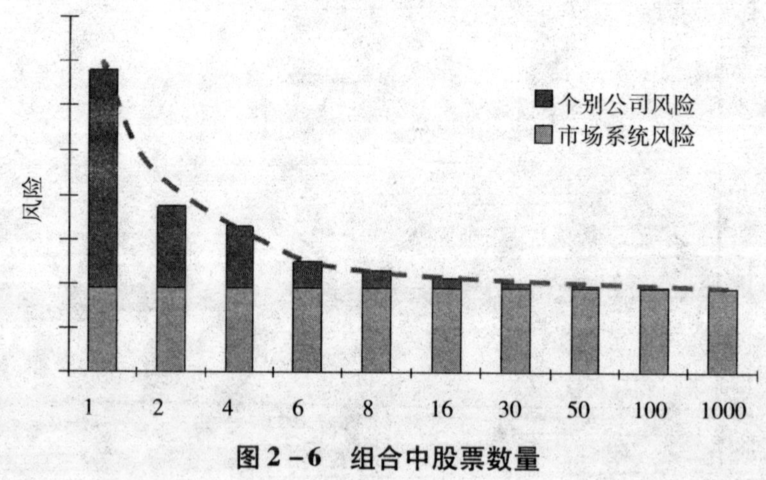

图 2－6　组合中股票数量

如果投资者能够在国际市场上进行投资的话，那风险就更低了，如图2－7。

在成熟市场很难找到这样的投资者，他们把100%的资产放到本国市场投资。现在比较流行的一个典型分散化的投资组合可以这样分布，比如投50%～70%的资产在本地市场，20%～30%在本地以外的国际市场，5%～10%的权重给新兴市场。

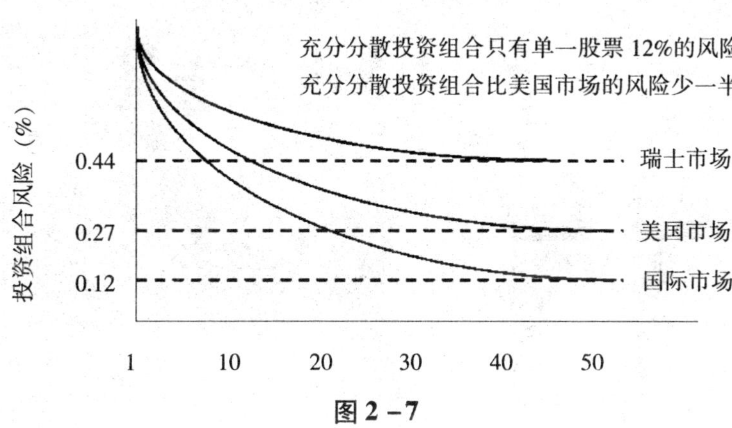

图2－7

三、利用投资组合提高收益率

在投资组合方面，一个典型的错误认识就是认为投资组合在分散了风险的同时降低了收益，可事实上不是这样，请看图2－8，投资者1将10万元集中投资在一种年复合回报率为6%的金融产品上，25年后增值为429 187元。投资者2分别将2万元投资在5种不同收益率的金融产品上，收益率分别为全部损失、一分没赚、赚5%、赚10%和15%，其中三种情况都低于投资者1的6%的投资回报率，25年后的结果为，第一个2万元全部损失、第二个2万元还是2万元、第三个2万元增值为67 727元、第四个2万元增值为216，379元、第五个2万元增值为658 379元，加总为962 800元，比投资者1多赚了1倍还多。

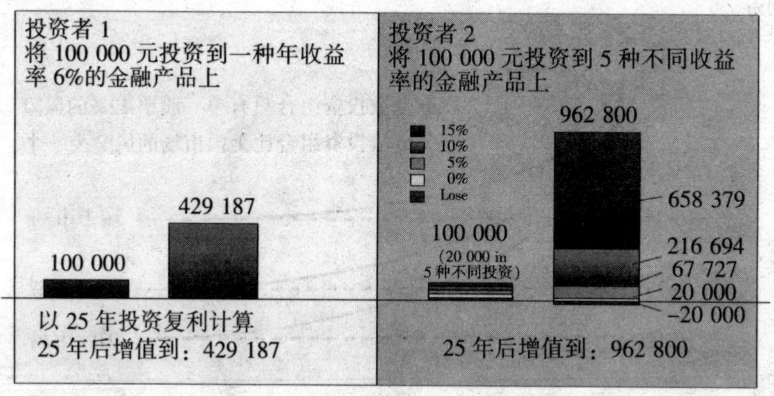

图2-8

数据截取自Ibbotson相关信息披露

四、三大脉络确定资本市场投资方向

我们在做投资时要树立一种理念：**可以买贵，但不可买错**。买贵了，只要方向不错，我们总有赚钱的那天；可是如果买错了，就算我们的成本再低，将来也必然会血本无归。大家切记：**投资的核心是投资组合，而投资组合的核心是投资方向**。但怎样才能把投资方向搞清楚呢？这里给出三条脉络供大家参考。

1. 政府宏观经济政策

了解宏观经济学的人都知道，宏观经济政策的四大目标是经济增长、充分就业、价格稳定和国际收支平衡，政府任何宏观经济决策都是在对国内外经济走势的基本判断基础上做出的，判断的要素就是上面所提到的增长、就业、价格和国际收支，其中对资本市场影响最大的是经济增长、通货膨胀和热钱。

用领先指数判断经济增长

领先指数（leading indicator），也叫领先指数或先行指标，是预测未来经济发展情况的最重要的经济指标之一，是各种引导经济循环的经济变量的加权平均数。领先指数由众多要素构成，涉及国民经济的诸多方面，以美国的领先指数为例，主要包括下列要素：

1. 制造业平均每周工作量
2. 平均周申请失业金人数
3. 制造商新增消费品和原材料订单
4. 卖主交割执行情况——其工厂延迟交货的百分比
5. 工厂和设备的合同、订单
6. 新增私人投资的营建许可
7. M2 货币供应量

8. 标准普尔500股票指数及股息收益

9. 密歇根消费者信心指数

10. 生产成本与卖价间的差额

倘若这些要素有多数向好，则可提前预期领先指数将会上升。领先指数通常每月公布一次，各国公布时间不尽一致。假如领先指数连续3个月下降，则预示经济即将进入衰退期；若连续3个月上升，则预示经济即将繁荣或持续扩张。通常领先指数有6~9个月的领先时间，在美国，一般认为领先指数可以在经济衰退前11个月预测经济下滑，而在经济扩张前3个月可预测经济复苏。二战后，领先指数已经被成功地用来预测西方发达国家经济的荣枯拐点。

为了获得全球经济的发展趋势和中国经济的发展趋势，我们有必要借助OECD（经济合作与发展组织）提供的数据。

我们现在用2008年初发布的世界各国经济领先指数来判断2008年的经济形势，见图2-9。

图中我们可以看出几乎所有指标（日本除外）都是向下的，说明发达国家的经济体面临着严重的经济减速风险。如果您是投资者，您出于风险的考虑会做出怎样的抉择呢？当然是减仓了。再看中国的领先指数，见图2-10，剧烈下降，这回您该清仓了吧！

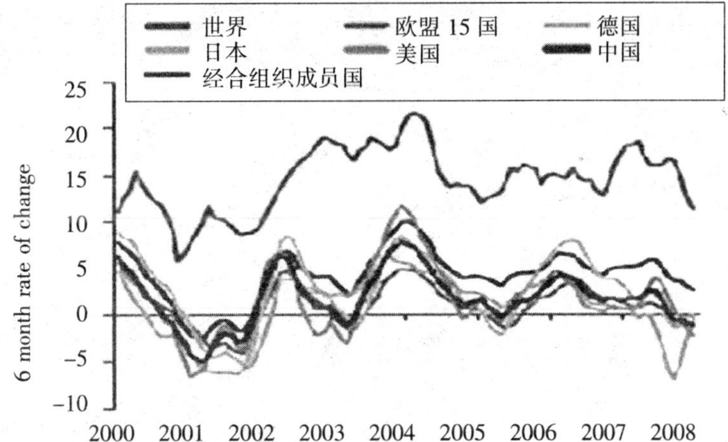

Sourco：OECD，Ecowin，Macquaric Roooa-ch，February 2008

图 2 – 9

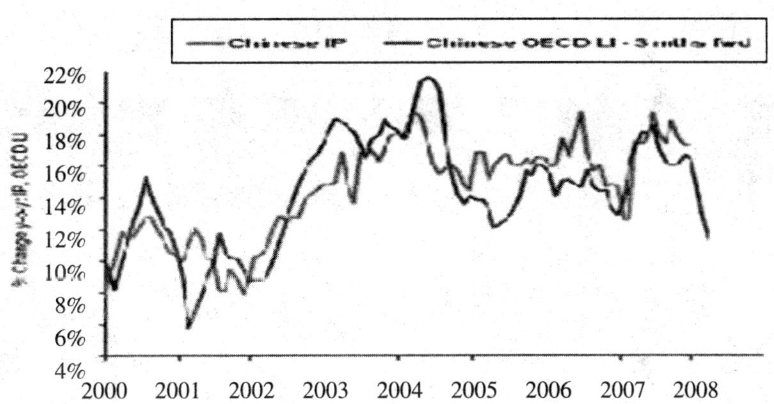

Sourco：OECD，Ecowin，Macquaric Roooa-ch，February 2008

图 2 – 10

我们再看 2008 年 5 月份公布的领先指数，见图 2 – 11，日本的领先指数也已连续 4 个月下降，世界经济全面衰退，但中国的领先指数却改变连续几个月的下跌而逆势上扬。为了大家看得更清楚，再把中国的领先指数单独提出来，见图 2 – 12。

Amplitude adjusted (CLI)
Monthly
104
103
102
101
100
99
98
97
96
Nov-2006 Jan-2007 Mar-2007 May-2007 Jul-2007 Sep-2007 Nov-2007 Jan-2008 Mar-2008
Dec-2006 Feb-2007 Apr-2007 Jun-2007 Aug-2007 Oct-2007 Dec-2007 Feb-2008 Apr-2008
德国 日本 美国 经合组织成员国-欧盟 中国

图2-11

Series: View: Orientation: Navigation:
Amplitude adjusted (CLI)
Monthly
104.8
104.6
104.4
104.2
104
103.8
103.6
103.4
103.2
103
102.8
102.6
Nov-2006 Jan-2007 Mar-2007 May-2007 Jul-2007 Sep-2007 Nov-2007 Jan-2008 Mar-2008
Dec-2006 Feb-2007 Apr-2007 Jun-2007 Aug-2007 Oct-2007 Dec-2007 Feb-2008 Apr-2008
China

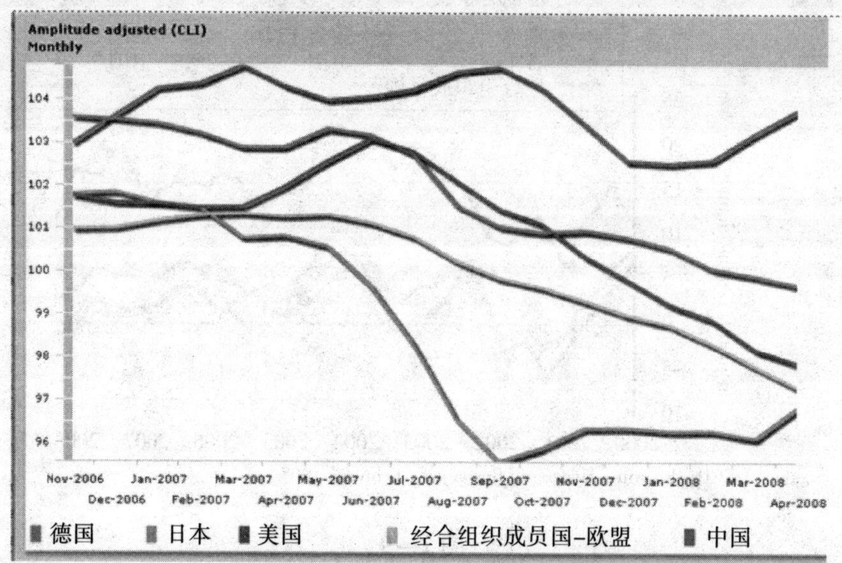

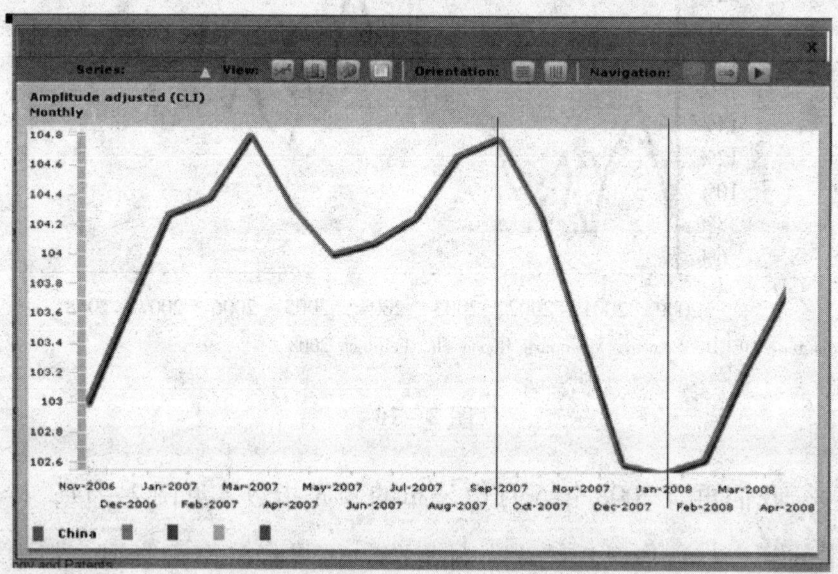

图2-12

从这样的图形中起码可以形成两个最基本的判断：一是中国是世界经济的避风港；二是中国很难独力支撑起世界经济的危局，毕竟中国现在已经深深地融入了世界经济。如果问现在的投资策略是什么？肯定是回避、观望。如果现在参与资本市场，就算您能赚到钱，那也是投机换来的。等什么时候世界经济启稳了，投资的时机就到了。

现在您肯定能理解“5 月份数据显示，二季度经济增长继续加快，预计可达 10.9%左右。世界银行 2008 年 6 月 19 日发布的最新《中国经济季报》认为，中国的经济增长已经放缓至一个更可持续的速度，2008 年预期 GDP 增长可达 9.8%”这段话了。

通货膨胀

投资资本市场的人都知道，在通货膨胀上升的时候，一国货币当局会采取紧缩性的货币政策进行治理，比如提高利率或者法定存款准备金率，这对资本市场会产生不利的影响，导致股市下跌。美联储所追求的通货膨胀率为 2%，从经验角度分析，中国货币当局所追求的通货膨率为 3%。这就意味着，如果通货膨胀率达到或者超过 3%，我们应该警惕资本市场的风险，特别是股票市场。

中国的通货膨胀率自 2007 年 1 月以来逐步加剧，如图2－13。

为了应对这种局面，中国人民银行于 2007 年 3 月 18 日、5 月 19 日、7 月 21 日、8 月 22 日、9 月 15 日、12 月 21 日共上

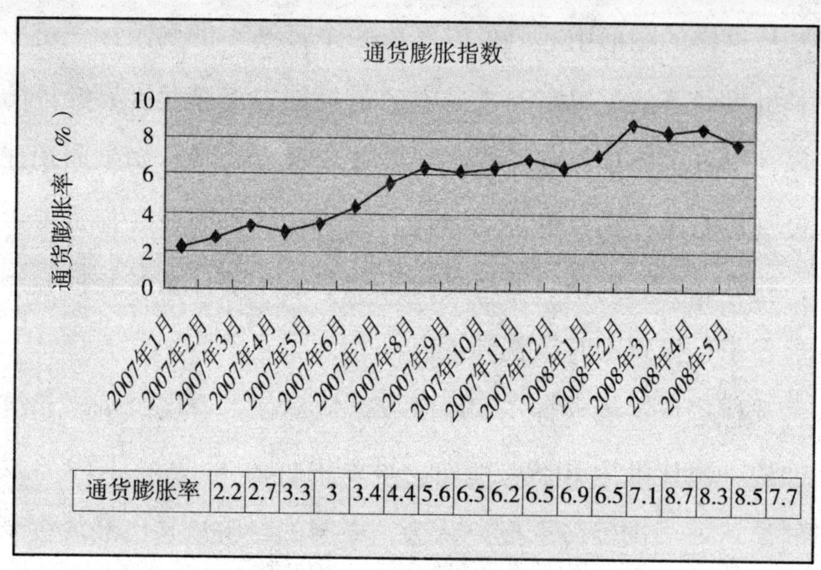

图 2－13

调了6次存款利率，一年期定期存款利率升至4.14%；央行又于2008年1月25日、3月25日、4月25日、6月15日和6月25日连续5次提高存款准备金率，最高达到17.5%。在这种紧缩货币政策打压下，中国股市一泻千里，不到一年就从6 124点一直跌破2 000点也就不足为奇了。

随着企业投入成本继续攀升，政府管制的能源价格同世界价格的差距扩大，更高的潜在通胀仍是一个“持续性担忧”。

我们基本上可以做出这样的判断，如果通货膨胀不扭转，紧缩政策不改变，资本市场也难有好的表现。

国际收支失衡与热钱流入

2007年，随着中国资本项目和经常项目双顺差，经济失衡继续加大，热钱不断涌入。您知道到底有多少热钱来到中国吗？

据商务部数据统计，2008 年 1 ~ 4 月，实际使用外资金额 350.17 亿美元；据海关初步统计，同期全国进出口总值为 7911.4 亿美元，出口 4245.7 亿美元，进口 3665.7 亿美元，顺差 580 亿美元；据央行公布的数据显示，2008 年一季度我国外汇储备增加了 1539 亿美元，路透社消息称，4 月份中国增加的外汇储备达到破纪录的 744.6 亿美元；这样算下来，外汇储备增加的数额扣除同期的外商直接投资（FDI）和贸易顺差，尚有 1350 多亿美元得不到合理解释，外界通常认为这部分属于热钱。其实外汇储备增长有很多原因，只看贸易顺差和外商直接投资方面的数据还不够全面，服务贸易和经常项目下的收益项目都可能是影响因素。所以我们打个折扣，假定有 1 000 亿美元属于热钱，那么折合成人民币就是 7 000 亿左右。

中国股市大概有 1 570 只股票，截至 2008 年 5 月 30 日最后一个交易日，沪深股市流通市值报 75 911 亿元，较上周末（5 月 23 日）减少 1.14%，沪深股市总市值报 224 867 亿元，较上周末减少 1.03%。这些热钱相当于中国沪深两市流通市值的 10%，对中国股市虎视眈眈，随时有可能发起进攻（可能会通过中国的代理人）。别忘了，在这种情况下仅仅考虑的还是 2008 年 1 ~ 4 月的数据。

这些热钱的收益率是非常高的，我们可以参考一下合格境外机构投资者（QFII）的收益率来做一个大概判断。自 2003 年 5 月瑞银集团首家获批至 2008 年 4 月，已有 54 家海外投资机构获得 QFII 资格，49 家获国家外汇管理局约 100 亿美元额度。5 年来年获利约2 100亿元，年复合收益率高达 22%。考虑到 2003～2005 年中国是个熊市，再加上很多 QFII 都是 2006 年获得批准的，所以实际收益率高得吓人。

鉴于热钱的快速流入及其危害性，再加上对推高通货膨胀的潜在威胁，中国政府将继续执行严格的紧缩政策，资本市场难有好的表现。

2. 产业发展趋势

上世纪 40 年代末 50 年代初中国的产业水平也就是能生产电子管收音机和自行车的水平，我们称之为百级零部件水平。工人在生产线上把一百个左右零部件焊在一起，收音机能响，自行车能转就行。如果那个时候有股票市场，可以肯定地讲，自行车和收音机股票肯定非常好。

后来我们能生产电视机了，一省一个电视机厂，先是黑白的，后是彩色的。以电视机为代表的产业水平我们称之为千级零部件水平。我们就是依靠这千级零部件水平的产业，比如电冰箱、洗衣机、小家电等，打遍天下无敌手，整个世界成了我们的市场。这个时候我们已经有股市了，表现最好的企业是以四川长虹、格力电器、青岛海尔等为代表的家电生产企业，原因在于它们那时代表着产业的方向。

千级零部件水平的产业尽管带动就业能力强，属于劳动密集型产业，在产业发展初期很好，但发展到一定阶段就面临市场饱和的问题，生命周期短，所以国家力主使产业水平再上一个台阶，升到万级零部件水平，以汽车产业为代表。那是90年代后期的事，那个时候谁要是买入汽车股票，持有到今天肯定发大了。

2005年我们高调推出“和谐”号CRH铁路动车组，2008年8月又推出时速350公里号称世界最快的CRH3京津城际列车，为什么呢？就因为它是由60万个零部件组成，我们的产业水平升到十万级零部件水平。想想看，将60万个零部件毫无差错地集成在一块，保证相互之间配合默契，而且能跑得那么快，世界上没几个国家。

然而中国并没有就此止步，又重新上大飞机项目了，我们的产业正在进入百万级零部件水平，这代表着中国产业发展的方向。可以肯定地讲，现在谁抓到了航空制造业的股票，比如西飞国际、成发科技，谁就会在将来获取成功。

还有一些是中国不得不搞好的产业，比如农业、节能环保行业、军事工业，这些都是正确的投资领域。

3. 消费升级

中国有13亿人口，人均GDP超过2 000美元，这个巨大的市场吸引了很多人，导致外国的私募基金和投资基金到中国来，主要投资与消费有关的行业。

上世纪，中国人从50年代建国之初的刚能吃饱饭，到70年代末改革开放时的以手表、自行车和缝纫机为代表的“三大件”，再到80年代末90年代初以电视机、电风扇、电冰箱为代表的“新三大件”，再到90年代末21世纪初以房产、汽车、珠宝首饰为代表的“新新三大件”，就是一个消费升级的过程。从现在往后的相当长时间内，我们将面临新的消费升级，黄金、艺术品、奢侈品、名烟名酒、女性消费品、连锁商业、商业地产都将是极具发展潜力的投资对象。

五、人的一生要配置的四只基金

1. 指数型基金

企业的成长会反映股市的成长，股市的成长反映经济的成长，经济的成长反映财富的成长。所以，要使我们的财富能随着时间的增长而稳步增长，最好投资于指数基金。中国上证指数自1990年12月19日以来，从96点到2008年9月的2 000点左右，18年间上涨了近20倍，本着长期投资的角度，投资指数基金肯定还是不错的。

在指数基金中有只名叫“上证50ETF”的，属于交易所交易基金。其中包含的是中国最好的50家企业，按照其指数编制原则，它会永远是中国最好的50家企业。买到了这只基金，就相当于把住中国的经济命脉，买到了中国的未来。所以，这样的指数基金您是一定要配置的。等将来中国资本市场发展了，国际上的优秀企业也到中国来发行上市了，我们所买的指数基金一定要涵盖他们才行。

2. 主题投资基金

市场永远不缺少机会，只是我们自己由于时间、信息处理能力、专业能力等限制，不能很快发现和利用这样的机会。所以我们需要专业的机构来帮我们发现这种机会、利用这种机会。我们把发现这种机会的能力叫做把握市场主题的能力。

什么是市场主题呢？市场主题就是那些影响经济发展和企业盈利的关键性和趋势性的因素，这些因素具有前瞻性，代表着未来趋势，跨越行业、板块与地域，伴随着中国崛起的多层次与长周期历史进程而发生。**主题不是通常理解的概念或热点，而是价值提升背后的驱动因素，并且具有独立性，市场会产生多主题驱动的投资机会。**

在主题投资中，个股选择是组合风险控制的重要手段。符合价值投资个股选择的标准有：

1. 属于“主题企业群”，受惠程度居“主题企业群”的前二分之一；

2. 考虑到未来的成长性，未来1～3年有较大幅度增长，目前的估值水平明显低估或者相对合理；

3. 公司治理结构良好；

4. 兼具中长期成长性及中短期市场表现的催化剂。

显而易见的是，个人对主题的把握能力肯定弱于机构，所以我们推荐能够把握这样机会的基金给大家持有，它以“嘉实主题精选”为代表。当然，只要是主题型基金就行，未必一定是这只。图2-14和表2-4是“嘉实主题精选”的收益和风险特征。

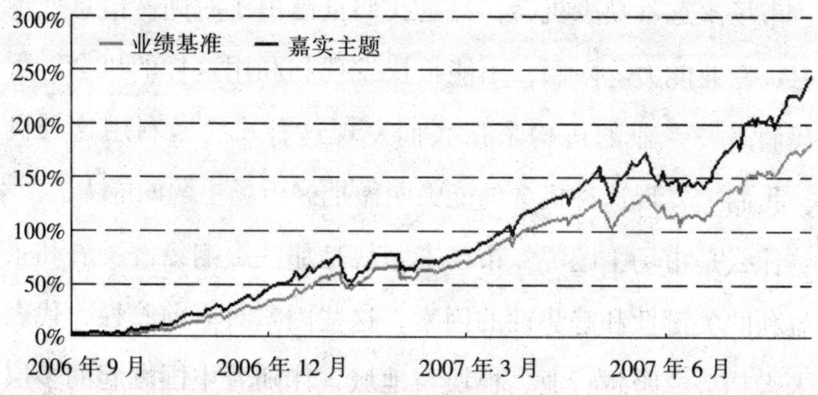

图2-14

表2-4

时间	收益率	业绩基准	标准差	信息比率	夏普比例	β	ALPHA
3个月	28.7%	19.0%	24.7%	0.96	2.2586	0.79	0.61%
6个月	76.5%	64.5%	29.2%	-0.84	3.6213	0.91	0.10%
1年	208.7%	177.8%	26.2%	-1.67	7.8250	0.88	0.17%
成立以来	206.1%	166.7%	26.0%	-0.07	1.6090	0.84	0.30%

3. 中小盘基金

我们考察1963~1993年的美国股市发现，大市值和小市值公司股票的业绩表现如表2-5。

表2-5

阶　段	小市值股票的回报率	大市值股票的回报率
1963～1968	30.9	12.2
1969～1974	-13.6	-3.4
1975～1983	35.3	15.7
1984～1990	2.6	2.6
1991～1993	29.2	15.6

我们发现，除在危机期间，比如第一次石油危机（1973～1974），小市值股票的回报率低于大市值公司股票之外，小市值股票的回报率要远远大于大市值股票。所以，我们有必要在我们的资产中配置一只小盘股基金。

4. 封闭式基金

封闭式基金（close-end funds）是指基金的发起人在设立基金时限定了基金单位发行总额，在筹足总额后，基金即宣告成立，并进行封闭，在一定时期内不再接受新的投资。这样能够保证封闭式基金的投资风格不会随着市场的变化而发生变化，投资组合也不会轻易变动，能够做到长期投资，所以在一定程度上比开放式基金具有较高的收益率，特别是在封闭式基金即将到期时，二级市场的价值会向共真实价值回归，投资者能够赚到折价率。另外，封闭式基金的波动很有规律，折价率在-30%～-5%之间，这为投资者高抛低吸提供了条件。

封闭式基金的基金单位的流通采取在证券交易所上市的办法，投资者日后买卖基金单位，都必须通过证券经纪商在二级市场上进行竞价交易。由于不能提前赎回，所以在二级市场上交易时会有折价率。再加上买卖封闭式基金的费用要远低于开放式基金，这使得投资者能够降低投资成本。很多投资者将封闭式基金作为定期定额的对象就比较恰当。

市场上封闭式基金很多，投资者可以根据自己的喜好随机挑选两只持有。

上面介绍了那么多基金名称，也许您会一时记不清楚，没关系，推荐您到《和讯财经》、《新浪财经》、《财经杂志》和《万点理财》网站去看一下，收获一定不小。

第3章

帮您管好钱包

信用卡不能超过两张，能刷卡的地方一定要刷卡，集中刷卡消费才有更高的积分累计，才可以享受更优质的服务。

家中现金、银行存款留多少？能满足3～6个月的生活支出就行，不宜再多。要把其余存款直接转换成货币市场基金，基本上就能弥补通货膨胀的损失。

前面一直在讨论财富要累积到什么程度，以及如何来实现。这里和大家谈谈我们手里要留多少现金才好。我们发现，很多人喜欢在自己的钱包里塞进好多现钞，也喜欢在家里藏大量的现金，还有很多人的存折上钱很多，有好几个零。这么做对不对？从理财的角度来看，不对，而且是非常错误的。

第1节　配置您的钱包

现在我们来谈谈钱包里到底应该装哪些东西。**首先是信用卡，但不能超过两张**，集中刷卡消费才有更高的积分累计，才可以享受更优质的服务；**能刷卡的地方一定要刷卡**，我们的两张信用卡，一张是公用信用卡，专门用于各类消费的，不要密码，但要有签名。否则餐后付账的时候，如果服务员过来问您刷卡吗？您说刷卡；再问您有密码吗？您说有，很麻烦。大家记住，**公用信用卡和私人信用卡各一张**，这是我们研究之后的推荐组合。钱包里的人民币数量不能多于500元，不管装多少都是付零钱用的，票面要新；还要有美元，2张100元面值的就可以；再加港币2张，1 000元面值的。这样我们的钱包里有信用卡2张，人民币5张，美元2张，港币2张。美元和港币现钞的是为了应付商务的不时之需。如果出国，口袋里要备一点外币零钱用来付小费。一个标准商务人士的钱包需要这样搭配，既实用又有面子。

其实在不知不觉的刷卡消费中形成的积分能换来不少您中意的商品，各家银行都有自己的"信用卡消费积分奖励计划"，赠品范围从休闲、保健、保险到家用电器等几乎无所不包，笔者的万宝龙签字笔就是刷中国银行长城卡积分得来的。不过，再高档些的商品目前就没有了，比如江诗丹顿手表、路易·威登坤包等。

第2节　一个家庭备多少现金合适？

首先声明，这里所讲的现金包括货币、银行存款、货币市场基金等流动性较强的流动资产。这里所说的流动性是指按期望的合理价值及时变现的能力，它包含两个方面的含义：一是及时变现，二是不受损失或损失很小。

站在家庭的角度讲，我们需要持有多少现金呢？为了理解这个问题，我们先来看美国。一个普通美国人如果失业了，他的平均失业周期将是3~6个月，也就是说平均要用3~6个月的时间才可以找到下一份工作。在家庭生活当中，我们最怕的就是一家之主的收入突然中断，而在市场经济中这又是不可避免的。所以我们要在家庭中留有现金、银行存款等等。留多少？就留3~6个月的生活费就行。比如您一个月的支出1万元，您的财产中以现金持有的部分有3万~6万元就可以，不宜再多，因为这笔钱基本不产生利息，而且要受到通货膨胀的侵袭，这是留有现金的机会成本。

家里留钱干什么？简单地说是为了应对短期需求。短期需求分三类：其一是交易需求，满足最基本的衣食住行；其二是出于谨慎的动机，是为了预防不测的出现而保留的现金，比如说生病、意外等；其三是出于投机的动机，是为了短期的高收益，比如说有一好哥们同时告诉您三只股票，您也觉得不错，您怎么办？是不是得买？结果是很多人都会买，但又不会买太多。在这里我想和大家分享一下笔者个人的投资经验：三只全买，隔一周如果其中一只没涨，或者涨得不好就砍掉，然后把卖掉的钱追加到那两只股票当中，再给一周时间，两只当中肯定还有一只涨得慢，再砍掉，把这个钱投资到另一只股票当中，这样干往往收益很高。

衡量生活备用金标准的一个术语是流动性比率，即流动性资产/每月支出（每个读者都可以通过第1章给的两张表来推算一下自己需要多少流动性），通常情况下，流动性比率应保持在3~6左右，其中投机部分不宜占太多，最主要的部分是用于生活消费。

第3节　货币市场基金抵御通货膨胀

在这里先问大家一个问题，如果钱在您手里您最怕什么？肯定是怕通货膨胀。所以**最要紧的事情就是钱既要保证随时可用，同时还能抵御通货膨胀**。就样看来活期存款就不行了，定期存款4.14%的年利率也赶不上8%的通货膨胀，看来也不行。看来看去，我们终于找到了最合适的产品——货币市场基金。

1972年世界上第一只货币市场基金诞生在华尔街，目的是在保持流动性的同时，能够有效抵御通货膨胀。1972年货币市场基金的规模是30万美元，但是到了2005年，美国的货币市场基金规模达到1.8万亿美元，占据共同基金资产的23%，和美国的居民储蓄存款基本持平或者略有超过。再回头看中国的数据：2003年12月14日中国第一只货币市场基金“华安现金富利投资基金”诞生，15日“招商现金增值基金”发行，16日“博时现金收益基金”和投资者见面。截至2006年3月，中国货币市场基金总额才2000亿元，而同期居民储蓄存款余额是15.28万亿，两者相差76倍，而在美国两者是基本持平的。

中国最普通的老百姓不知道这种既能抵御通货膨胀，又能像银行存款一样使用的东西。我在给银行的理财经理上培训课时说过，**老百姓现在最该干的事情就是把银行存款直接转换成货币市场基金里去**。嘉实货币、华夏现金增利、上投摩根货币、富国天时货币、建信货币等都是不错的选择。

第 4 节　流动资产配比原则

我在长期实践过程中总结出一条原则，叫做 1∶2∶3 原则，也就是说流动资产在现金、银行存款和货币基金之间的恰当持有比例是现金占 1 份，银行存款占 2 份，货币市场基金占 3 份。**货币市场基金极为安全，同时收益率和通货膨胀率又比较接近，能够抵御通货膨胀，所以是一个很好的现金替代品。**

为什么说货币市场基金极为安全？其实我们只要看它投资的对象就知道了。根据《货币市场基金管理暂行规定》，“货币市场基金应当投资于以下金融工具：（一）现金；（二）一年以内（含一年）的银行定期存款、大额存单；（三）剩余期限在三百九十七天以内（含三百九十七天）的债券；（四）期限在一年以内（含一年）的债券回购；（五）期限在一年以内（含一年）的中央银行票据；（六）中国证监会、中国人民银行认可的其他具有良好流动性的货币市场工具。”从这些产品中我们不难发现，风险基本为零，收益基本上比银行存款要高，而且有时会比银行存款高很多，特别是在发生通货膨胀的时候。

有一只名叫汇添富的货币市场基金，当我国通货膨胀在2007年8月达到6.5%的时候，它的收益率没有赶上来，只有不到3%，和那个时候银行存差不多。但是没过多长时间，到9月10日货币市场基金收益率开始反弹，9月17日年收益率达到9.9%，9月20日更是到了14.16%。所以从产品角度来看，持有货币市场基金基本上是可以弥补通货膨胀的，它是家庭资产配置必须要用的东西。

站在资产配比的角度看，银行存款持有的方式，**定期存款要更多地转化为货币市场基金，转化的关键取决于货币市场基金和定期存款的年收益率。活期存款要以通知存款为主，这样能尽量多地提高利息收入。**

第5节　科学使用信用卡

日常生活中要尽量用信用卡消费替代现金消费。信用卡使用得好，可以使我们的支付发生时空脱离，能帮助我们度过难关；使用得不好，会使我们陷入负债，所以要学会科学使用信用卡。

一、避免信用卡提现

当我们把手中的现金花光了，工资得下个月才能发，很多人就会习惯性地用信用卡取现。目前，只有中国工商银行取消了发卡地提取现金所收的手续费，其他银行会收取1%左右的手续费，而且自提现当日起计算利息，每天的利息为0.05%。大家不要小看这0.05%的日利率，换算成月利率就是1.51%，用老百姓的话说就是1.5分利，换算成年利率就是18.12%，接近20%，也算得上是高利贷了吧！我们知道按揭贷款买房子，现在的利率是7.47%，接近8%，可是信用卡提现的利率高达20%，所以我们就可以理解，为什么说外资银行的信用卡业务是最赚钱的东西了吧！

二、全额还款

如果您选择信用卡消费，有两种还款方式可选：一种是到期全额还款；一种是分期付款，到期偿还最低还款额，典型就是1 000元账单，到期还款100元。这种分期付款的利率极高，为什么呢？我们通过一个小例子来比较一下。

假设张先生的账单日为每月5日，到期还款日为每月23日；4月5日银行为张先生打印的本期账单包括了他从3月6日~4月5日间的所有交易账务；本月账单周期张先生仅有一笔消费——3月30日消费金额为人民币1 000元；张先生的本期账单列印“本期应还金额”为人民币1 000元，“最低还款额”为100元；

在不同的还款方式下，张先生的利息分别为：

（1）若张先生于4月23日前全额还款1 000元，则在5月5日的对账单中循环利息=0元。

（2）若张先生于4月23日前只偿还最低还款额100元，则5月5日的对账单中循环利息=17.4元。具体计算如下：1000元×0.05%×24天（注：3月30日~4月23日）+（1000元-100元）×0.05%×12天（注：4月24日~5月5日）=17.4元

我们再计算一步，可以得出分期付款的月利率为1.45%（17.4/1000/36×30），年利率高达17.4%。这相当于银行一年从您身上赚了17.4%，每年两位数的利润，而且几乎不存在风险！现在您终于明白为什么银行鼓励客户刷卡消费，鼓励分期付款，您肯定也明白了为什么要选择全额还款方式。

为了更好地运用银行为我们提供的免息期，**建议大家将信用卡与自己的储蓄卡账户相连，并选择在还款日全额付款。**

使用信用卡时还要注意一个问题，即在账单日要不要消费的问题。还是用上面的例子，4月5日账单日当天的交易计入当期账单，还款日为4月23日，为最短；4月6日的交易计入下期账单，就是在5月5日的账单中列示，还款日为5月23日，为最长。

三、合理使用免息期

从理论上讲，最长的免息期自账单日之后的第一天开始算

起，假设账单日是每月 10 日，还款日是每月 20 日，那么您一共有 50 天的免息期。如果您在这 50 天之内，最迟在还款日当天还款，一分钱利息也不用付；如果您拖了 1 天，到第 51 天还款，那对不起，银行要收您 51 天的利息，50 天的免息期没了。银行有规定，还款日哪怕差一分钱没有还清的话，就视同没有还款，按全款收取利息。曾经发生过这样一件事，工商银行超级霸王条款：0.24 元欠款要交 853 元利息，比高利贷还高一万倍！

第 6 节　用好其他现金规划工具

如果我们把现金花光了、银行存款没有了、货币市场基金用完了、信用卡也刷满了，还不能满足我们的短期需要，怎么办？这个时候要不要把其他资金调过来，比如我们所做的投资？由于我们无法保证调回资金那天投资是赔了还是赚了，所以这招不能用，更何况我们所做的投资都是有目的性的呢！在这种情况下怎么办？我们还有四个工具可以使用。

一、国债

如果您有国债的话，可以质押给银行。目前凭证式国债质押贷款额度起点一般为 5 000 元，每笔贷款不超过质押品面额的90%。凭证式国债质押贷款的贷款期限原则上不超过一年，并且贷款期限不得超过质押国债的到期日。若用不同期限的多张凭证式国债作质押，以距离到期日最近者确定贷款期限。凭证式国债质押贷款利率按照同期同档次法定贷款利率（含浮动）和有关规定执行。

二、存单

我们还可以使用存单质押贷款，借款人只需向开户行提交本人名下的定期存款（存单、银行卡账户均可）及身份证，就可提出贷款申请。经银行审查后，双方签订《定期存单抵押贷款合同》，借款人将存单交银行保管或由银行冻结相关存款账户，便可获得贷款。

三、保单

如果凭证式国债、存单都没有，用保单也可以，因为现在越来越多的人都有各种各样的保单。保险分两种，一种是补偿型的，一种是具有现金价值型的保险。补偿型是当损失发生之后，保险公司才补偿，比较典型的是意外伤害保险。这种保单您要想质押给银行贷款，门都没有。能够质押给银行的，只能是那种具有现金价值并具有储蓄功能的保单，比如您的养老保险、年金险、万能险都是可以质押的。如果您要用保单质押的话，千万记住一件事，也就是说一旦您到期没还贷款，您所欠银行的本金和利息一旦超过保单现金价值的话，那么您的保单就彻底作废了，这对您的损失是巨大的，保单每年都交钱，一年交几千元，就是因为现金价值不足了，以前所交的保费全没有用了，保单就彻底失效了。所以用这种方式套现，一定要谨慎再谨慎。

四、典当

如果前面几种工具都用完了，我们还有一个办法，就是典当。现代典当和传统的典当不一样，传统典当怎么做呢？如果您是第一次来典当的话，同一件东西当铺可能给您五两银子，同时会留个记号；如果您觉得不划算，到下一家当铺，出的价肯定比五两低；您再走下一家就更低，没有办法获得比五两纹银更高的对价。现在的典当就不一样了，2005 年 2 月 9 日颁布的典当办法规定，不管动产还是不动产都可以典当。现在的典当业好在哪里？最根本的是典当行给您的价值和物品实际价值基本差不多，并不存在传统典当的陈规陋习。第二，当期相对较长，一般都在 6 个月以内，如果有需要的话，还可以续当，再延长近 6 个月。典当到期后，您有 5 天的时间赎当，如果不赎的话，才会丧失对物品的所有权。

相信大家现在可以把现金规划做好了，下面是对一个家庭意义最大的问题，就是子女的教育规划如何来做的问题。

第4章

轻松解决教育难题

知识经济时代以知识资本为核心，知识资本背后是教育。受教育水平和收入的关系越来越紧密。

现在除了能源和基础原材料之外，全球范围内差不多所有产品的价格都在跌，只有教育费用往上涨，比油价还快。

用好教育储蓄、教育保险、政府债券、股票和公司债券、子女教育信托基金和共同基金这六种工具，才能实现“教育规划做得好，学费随它涨”。

我们的社会正在发生翻天覆地的变化，我们正向知识经济时代挺进。如果说工业社会以产权为核心，也就是说您拥有对一件东西的产权，您就拥有了这件东西的占有、使用、收益与处分的权利，这些权利会给您带来各种收益。但现在已经是后工业社会了，中国的三省四市走完了工业化，进入到后工业化阶段，这是以现代技术和知识资本为核心的新经济形态。一个人最初可能并没有创办企业，并不拥有企业的产权，但是，如果他足够聪明，就可以通过运作将产权转移到他自己手里，从而享受企业的收益。

第1节　教育的遗传性

知识经济主要是知识劳动创造的成果。知识经济的发展主要是依靠脑力劳动或新型劳动，知识经济时代以知识资本为核心，而知识资本背后是教育。教育水平和收入的关系越来越紧密。北京和上海两市的统计数据显示，在收入分配当中，收入最高的是研究生学历人群，年薪 5 万元左右；收入最低的是那些没有上过学的群体，年薪 1.6 万元左右。我们再来看深圳，2006 年分学历工资指导价位如表 4－1。

表 4－1

单位：元/人・月

行　业	高位数	中位数	低位数	平均数		
				2005 年	2004 年	增减%
初中及以下	4521	1051	719	1196	1121	6.69
高中、中专、技校	5129	1500	826	1567	1420	10.35
大专	10214	2050	1306	2368	2163	9.48
本科	15266	2600	1752	2819	2641	6.74
硕士及以上	24013	3900	2705	4468	4201	6.36
合计	21037	2218	816	2451	2275	7.74

其中不乏一些学历较低的人拿到高工资，但毕竟所占的比例不大，不能说明整体的状况。

不仅如此，教育还有一个很大的特点，就是教育本身具有遗传的特征。我们拿国家和国家对比看，然后再拿地区和地区对比看，家庭和家庭对比看，都具有这样的特征。拿国家来讲，穷国和富国最大的差别，就在于对教育的投资不一样，富国教育的投资比例高，穷国教育投资的比例低。富国教育投资的比例高，就使得它拥有更多的人力资本，人力资本与物质资本相结合，就能够创造出很大的价值来。国之贫富尽管与拥有多少物质资本有关，但最根本的、最具有决定意义的是人力资本的丰缺。相信您还记得电影《天下无贼》中葛优的一句台词吧："21 世纪什么最贵？人才！"

这里面有两个国家比较特殊，一个是俄罗斯，接受过高等教育的人群高达 89%，排名世界是第一；一个是朝鲜，受教育的比重，不是仅高等教育，也极高。按理说，这两个国家应该有比其他国家更强大的生产力，但为什么事实不是这样呢？因为人力资本的构成中不仅仅包括教育，还包括劳动者实际工作中的经验积累，还包括在工作过程当中接受的在职培训。如果我们把工作经历和在职培训加到教育上去，您会发现人力资本最高的国家依然是美国、西欧和日本，中国还差得很多。

那为什么说教育具有遗传的特征呢？拿家庭来看，富裕家庭的孩子上的是好学校，接触的是好老师，毕业后找的是好工作，结婚找的是好媳妇，生出的孩子又能接受好的教育，如此不断循环下去，所以说教育具有这样的特征。国家和地区发展也是这样。可是一个贫困家庭的孩子就没有那么幸运了，他的家庭通常无力供他上一流学校，遇见一流老师，毕业甚至连找一份固定工作的机会都没有。

1983 年时搞过全国第三次人口普查，发现农村先富起来的人还是过去所谓地主富农出身的多。这些人被剥夺了田产，但并没有被剥夺头脑，他们还是很重视他们后代教育的，其子女种地都是一把好手，所以分田到户后才有了上面调查的结果。

第2节 教育费用涨得比石油还快

笔者上世纪90年代上大学的时候，学费750元，硕士、博士都不花钱，初中、高中根本花不了什么钱，一年交200元学杂费就够了。但现在不行了，全球范围内除了教育之外，几乎所有商品的价格都在下跌，只有教育、医疗等费用在涨。教育费用上涨速度有多快？有人做过统计，也相对比较权威——每年上涨5%。

图4-1

图4－1是一幅漫画：一根独木架在美元符号上，上面站了一个人，扎一条红领带，象征成功人士。它告诉我们，如果想成才的话，首先要有钱，这是基础，而且自己还得有本事过这个独木桥。

西方国家的高等教育是精英教育，精英分子就是精英分子，不管出身如何。一群精英分子和其他普通分子在一起，普通分子是花钱来陪精英分子读书的，精英分子拿的正是他们的赞助。

中国的高等教育机会已变得更加不平等，这几年更由于贫富差距的加大而急剧扩大。在中国，不管用什么办法上的大学，只要进了大学这道门，就一切平等了。如果考生家庭条件优越，获得的机会就多，哪怕他在各个方面都比不上某些经济条件差的学生。贫困大学生的好多机会被金钱剥夺了。

《2005年中国居民生活质量指数研究报告》提出两个数据，教育花费占农村家庭收入的32.6%，占城市家庭收入的25.9%，笔者拿这个数据问过很多人，他们都觉得这个数据不可信，大大低估了教育支出的比重。如果报告中的这个数据可信，教育费用在中国20年上涨25倍。涨得实在太快了，老百姓受不了，所以现在不允许高校无限制提高收费了，有关方面审批很严格。否则的话，这个过程是慢不下来的。

在中国，教育正演变成一种奢侈品，老百姓不得不消费的奢侈品。因为中国人有一个传统，就是砸锅卖铁也得让孩子上学。您肯定不想让您的孩子因为钱的问题而不能圆大学梦吧？

所以我们要为孩子做教育规划，专门解决孩子上学的钱的问题。

我们可以通过表 4 – 2 来简单算一算孩子的教育费用要花多少钱，假定通货膨胀为 3%。

表 4 – 2

单位：元

教育项目	教育费用	考虑通胀后的费用	年龄
3 年幼儿园费用	60 000	61 818	3 ~ 6
小学赞助费	20 000	21 855	6
6 年小学费用（含特长）	90 000	106 023	6 ~ 12
3 年初中费用	45 000	60 494	12 ~ 15
3 年高中费用	45 000	66 103	15 ~ 18
4 年大学费用	80 000	130 359	18 ~ 22
合计	340 000	446 652	

这个结果没有计入学费的上涨，也没有计入读硕士、博士和出国留学的费用，即便如此，相信很多人也会大吃一惊了，就不难理解为什么很多年轻人对养孩子心怀畏惧。所以我们需要寻找更好的途径帮助我们实现子女的教育。

考虑到很多家庭在孩子的大学阶段以前都是在本地读书，孩子的教育费用支出是一种常态，已经作为家庭生活支出列支了，所以我们在这里仅考虑孩子读大学的教育规划问题。现在流行一句顺口溜“不怕学问涨，就怕学费涨”，这里也补一句**“教育规划做得好，学费随它涨”**。

第3节 测算大学教育费用

为了做好大学教育规划，我们首先要估算教育费用，估算时要考虑如下因素：

——通货膨胀

——学费上涨

——住宿费

——膳食费

——交通费

——医疗保险费

——通信费

——其他生活费

我们首先要明确让子女上什么类型的大学，在哪里上大学。纵观全国，香港高校的收费最贵，一学年需要6万~10万港币。内地学费较高的是上海、广州、北京等经济较为发达的城市，每年5 000~10 000元人民币，其他城市基本为5 000元左右。

另外，师资力量、所学专业不同，教育费用也有较大差别。学费（以本科生为例），普通专业在4 500元左右；住宿费，600元、800元、1200元不等；教材费，每生500~800元左右，艺术类、计算机类专业学生的花费还要相对高一些，大都在8 000~15 000元/学年，已经很少有3 000 元/学年的大学专业收费了。

大学期间的花费主要包括学费、住宿费、教材费、杂费和日常生活消费开支。除此之外，大学生的恋爱经费、通信费和交往费为新增开支，且有上升趋势，我们把这些费用称为正式进入社会的实习费。

总体算下来，按当前的价格，内地大学四年的费用平均为80 000元人民币。看来大学费用还真不低。

那么一般家庭的教育金是怎样储备的呢？一般来自银行的储蓄和每年的结余，这种方式固然好，但很大的缺点在于其增值能力差。对学生本身来说，还可以利用政府的各种教育资助、学校提供的各种奖学金，还有自己的工读收入。在美国还存在这样的情况：即使家庭有钱给孩子上学，可还是要和孩子签一个合同。家长出借教育金给孩子，等孩子读完书之后按期偿还，而且要包含利息，我们把这种方式叫做“子女贷款协议”。也许您感觉这样做很病态，大多数中国人肯定也理解不了，但却在美国真实发生了。

我们讲了这么多的教育金储备方式，其实都不是好的方式，后面我们会介绍教育规划的各种工具。

第 4 节　教育规划的弹性原则

对于教育规划，我们要注意规划的弹性问题。

一、时间弹性

子女的年龄决定着我们有多长时间去积累这笔钱，如果孩子刚出生，那就有 18 年的时间，很容易把教育费用积累出来；如果孩子明年就上大学了，基本就没有时间去积累财富了。我们知道，教育费用靠储蓄太慢，要靠投资增值，但是投资最怕的就是没有时间，所以第一个要考虑的就是时间弹性的问题。一般来讲，教育的弹性很奇怪，既有弹性又没弹性。没弹性是什么意思呢？比如子女 18 岁考上大学，总不能说老爸打牌输了钱，学就不上了吧？为什么又说有弹性呢？这是说如果意识得早，可以提早规划，最长可以有 18 年的时间。

二、费用弹性

教育费用是刚性的，和它相对比的养老费用就不一样，养老费就不是刚性的，人怎么都能活着，只不过活得好坏有差别。

三、规划弹性

我们也许能把上大学的费用算清楚，也知道有多少时间来积累财富，但是真正把规划付诸实施的时候，可能并没有那么大的时间弹性。比如说孩子在上小学之前费用很高，而家庭收入却未必高，可能真正为孩子积累教育金的时间要等到他上小学以后。

这三个弹性相互依赖、相互制约，当我们把这三个弹性搞清楚之后，就可以考虑用什么样的产品来实现教育规划了。

第5节　教育规划常用工具

这里给大家介绍六种工具，即教育储蓄、教育保险、政府债券、股票与公司债券、子女教育信托基金和共同基金。

在各种工具的选择上要坚持弹性原则。如果时间够长的话，比如18年或者15年以上，就可以直接投资于股票或者股票型基金来储备，这是最恰当的；如果教育的时间弹性相对差一点，不是很长，那怎么办？可以考虑用债券和债权型基金来构造；如果不能一次性拿出一笔钱作为初始投资，而是每年以年金的形式投资来储备教育经费的话，可以选择定期定额的共同基金，5年以下选择债券型或偏债型共同基金，5～10年选择平衡型基金，10 年以上选择偏股型或股票型基金。所以我们既可以选择债券，又可以选择基金来进行投资。

也许您觉得这样选来选去很麻烦，那有没有您不用自己做，而是由别人代您做的教育规划工具呢？确定有这样的东西，这里给大家介绍三个。第一是教育储蓄，第二是教育保险，第三是子女教育信托。在这三种工具中，推荐第二和第三种，对于教育储蓄笔者并不是很看好。

一、教育储蓄

鉴于教育储蓄的广泛性，在这里还是稍做介绍。这个产品推出的时候还是不错的，那时中国的通货膨胀很低，很多人认为教育储蓄比较好。好在哪里呢？首先是利率高。高到什么程度呢？高到投资者可以享受一年期定期存款利率。第二，不收利息所得税。教育储蓄存期灵活，可以存一年，也可以存三年，长的话可以存六年。但是存款额有个限制，本金合计最高额度不能超过 2 万元人民币，而且途中每次存的钱不能少于 50 元，中间漏存的话，下个月必须补存，不补的话，以后存的金额视同活期存款，不享受利息税优惠。利息税也就是省下那么一点，如果您存了 4 万，2 万的部分免征利息税，剩下的 2 万照缴不误。而且还有一个要求，仅适用于小学四年级以上的学生，用实名制开户。因为存期是一年、三年、六年，如果到期之后不支取，过期的部分按活期存款支付利率。教育储蓄的限制太多，在当前利率赶不上通货膨胀率的情况下，并不是一个好的储蓄教育金的方式。

二、教育保险

为什么要推荐教育保险呢？因为保险是现代家庭必备的理财产品，**之所以看重教育保险，是因为在解决保险问题的同时也解决了教育金的来源问题**。为了更好地说明这个问题，请看平安人寿保险公司推出的两种产品——附加高中教育年金险和附加大学教育年金险。

我们以平安人寿保险公司推出的平安附加少儿高中教育年金保险（分红型，2004）和平安附加少儿大学教育年金保险（分红型，2004）为例来说明这个问题。

1. 平安附加少儿高中教育年金保险

如果张先生在儿子6个月（0岁）时投保《平安附加少儿高中教育年金保险（分红型，2004）》，基本保险金额5万元，分15年交，年交保费2115元。

那么张先生的儿子可以获得的保险利益如下：

高中教育保险金

被保险人生存至15、16、17周岁的保单周年日，每年可领取1万元高中教育保险金；

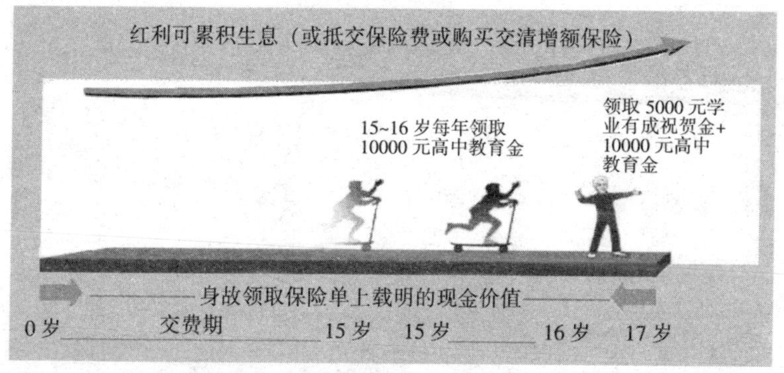

图 4－2　平安附加少儿高中教育年金保险（分红型，2004）

学业有成庆贺金

被保险人生存至 17 周岁保单周年日，可领取 5000 元学业有成祝贺金，附加险合同终止；

身故保障

被保险人于附加险合同生效日起至其 17 岁的保单周年日前身故，可领取保险单上载明的现金价值，附加险合同终止；

分红

按照保险监管机关的有关规定，公司每年将根据分红保险业务的实际经验状况确定红利的分配。分红是不确定的，若公司确定有红利分配，则该红利将于保单周年日分配给被保险人。

2. 平安附加少儿大学教育年金保险

如果张先生的儿子 6 个月（0 岁）时投保《平安附加少儿大学教育年金保险（分红型，2004）》，基本保险金额 5 万元，分 15 年交，年交保费3 670元。

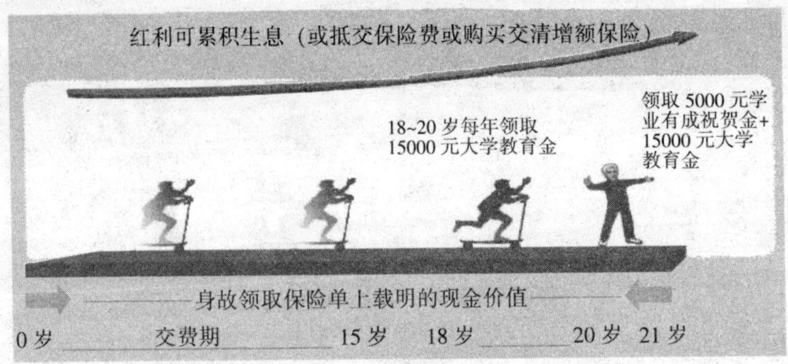

图 4-3　平安附加少儿大学教育年金保险（分红型，2004）

那么张先生的儿子可以获得的保险利益如下：

大学教育保险金

被保险人生存至 18、19、20、21 周岁的保单周年日，每年可领取 15000 元大学教育保险金；

学业有成祝贺金

被保险人生存至 21 周岁保单周年日，可领取 5000 元学业有成祝贺金，附加险合同终止；

身故保障

被保险人于附加险合同生效日起至其 21 岁的保单周年日前身故，可领取保险单上载明的现金价值，附加险合同终止；

分红

按照保险监管机关的有关规定，公司每年将根据分红保险业务的实际经验状况确定红利的分配。分红是不确定的，若公司确定有红利分配，则该红利将于保单周年日分配给被保险人。

3. 其他教育保险

几乎每家保险公司都推出了自己类似的教育年金保险计划，大家可以相互比较来选择自己中意的产品。比如说美国友邦保险公司结合多年发达国家的保险经验，最新推出儿童综合保障方案，综合保障孩子的健康和教育，时下被称为“最适合儿童的综合保险计划”。

给宝宝每月存500多元，可享受到：30万元的健康保障（意外伤害保障+20万元重大疾病保障+住院补贴+保费豁免等）和10多万元大学教育金，综合保障孩子的健康和教育。这是目前最适合儿童的综合保障计划。

也可以单独投保健康险和教育险，其中健康保障包括以下两方面：

儿童意外伤害保险

儿童期最大的风险是意外伤害，一年300多元，最高保障达36万元。

儿童重大疾病保险

包括儿童期容易发生的17种重大疾病，确诊给付，30万元保障，每年保费仅600元。

财富通保险（儿童教育理财型）

既包含了传统教育金保险的保障功能，又有国际理财专家教育理财的优点，真正全面解决儿童教育保障问题，让孩子父母放心。

4. 教育保险的选择标准

低保额

我们在投保时习惯选择较大保额的最主要原因是我们有财务依赖者，即我们的父母和孩子需要我们的收入去供养。由于儿童在成长的过程中发生意外或者死亡的风险很小，而且也没有财富依赖者，所以建议买低保额的产品，比如“太平状元附加大学教育年金保险（分红型）2006”，保额仅1万元。

高附加

在选择这类保险的时候要尽量提高高中和大学的教育年金，才能达到我们投保教育险的初衷。

轻分红

保险公司在推出分红险的时候是以满足基本保障的同时还能够带来收益增长为卖点的，分红多少由保险资金的投资收益率而确定，每年的收益一般在2.5%左右，即使业内收益率最高的中国人寿保险，2005年其资金运用的平均收益率也仅为3.86%，居民投资分红型系列保险产品与股票、基金所形成的巨大收益差距，促使过去多数保险购买者变成现在的“基民”。

重保费

分红险的一大特征是保费率较低，接近于自然保费率，所以投资者可以在资本市场好的时候选择“现金价值自动垫交保费”条款，以降低保费支出，提高自有资金的回报率。

三、教育信托

目前老夫少妻的情况比较多，可能等孩子上大学的时候丈夫已经去世；离婚现象也比较多，孩子的抚养都可能出问题，更不用说上大学了。这些现象一旦发生，对子女教育的伤害特别大。针对这些现实问题，我们可以考虑使用子女教育信托的方式加以回避。

信托是一种财产交付管理的制度，是受严格法律保障的财产管理制度，通过委托人、受托人及受益人三个角色的连结，帮助需要作财产规划的人，以更有效率而且安全的方式达到信托的目的。为了使大家能更好地理解子女教育信托，我们来看一个例子。

子女养育信托

——委托人：孔先生

——受托人：孔先生的姐姐

——受益人：孔先生与前妻的儿子乐天

——信托原因：担心儿子没有能力管理生活费，又担心前妻和现任丈夫将这笔养育费用侵吞。

——信托目标：支付乐天人学本科毕业前每月所需的5 000元抚养费。

——信托程序：孔先生一次或者定期（每月）将乐天的生活费交给姐姐，约定由姐姐开立账户专门保管，并在平时根据乐天生活的实际支出为他支付必需的费用。

子女教育信托就是由父母一方或双方作为委托人，将一笔金额作为信托财产委托给个人或信托机构，即受托人，信托财产一旦发生转移即不归属委托人了，受托人可以根据双方订立的协议来决定如何支付这笔教育费用。当然，教育费用的支付通常都是定期、定额的。

教育信托并非高资产客户的专利，一般人也可透过信托架构进行投资理财规划（例如投资境内外基金等），待资产累积到一定程度时，再依个人需求搭配退休、子女教育、财产移转等附加服务与功能，达到照顾自己或亲属的特定目的。

信托行为涉及受托人选择的问题，如果选择个人作为受托人的话，资产增值的可能性比较小，如果找专业机构的话，比如信托公司，资产增值的可能性就比较大，也能够享受到不错的投资收益。

第6节　不能不考虑的几个问题

一、去不去海外留学

在教育规划中，有必要考虑是否送孩子去国外留学的问题。我们认为，如果拿不到奖学金就不要考虑到国外读大学。因为国外大学就是普通人补贴精英分子的制度，如果不拿奖学金去留学，其实就是花自己的钱补贴别人。当然，国外学校也不会难为您，您的论文也很容易通过，因为国外大学的论文也分好几档，肯定有适合您的那个层次，一切都是看在钱的份上。所以，到国外留学，除非人家提供奖学金，您才算真正的留学生，否则的话没有多大意思。

二、申不申请助学贷款

为什么现在助学贷款申请越来越困难？这条路还能不能走通？其实根本原因不在于现在的孩子们，是因为他们的师哥师姐拿着这些钱不还，银行就不愿意发放助学贷款了。

这个问题真的很严重，连刚走进社会的大学生都不讲诚信了，您说我们这个社会还能指望谁？

即使再困难，也应该为了孩子申请助学金，一来能暂时减轻家庭经济负担，二来能培养孩子的诚信和主动负责精神，这一点可能更加重要。教育的目的毕竟是为了塑造人。

三、争不争取奖学金

绝对应该鼓励孩子拿奖学金，这不仅仅是钱的问题，更是对孩子学习成果的肯定。在大学里，比如说中国人民大学、北京大学这样的学校，奖学金很多，而且有可能同时获得好几份。有的奖学金额度还很高，达数万元之多。

考高分是一种省钱的办法，家长做什么事情都不如孩子学习厉害。孩子要真考了高分，那个时候就不是您为他准备教育金的事了，而是他为您既赚面子又赚钱。另外，也应该鼓励大学生兼职，挣一部分钱来补贴生活费，既能体察社会，又能感受到钱来之不易，养成勤俭的好习惯。

四、上大学要不要远行

如果在自己家所在的城市上学，有很多钱是可以省下来的，日常生活、用餐等费用都会低一些。

五、集体生活重不重要

大学是一个人重要的成长环境，大学生从同学身上获益要比老师那里得到的多得多。老师的东西大多都可以从书上得到；老师根据考试看学生的思路对不对，离谱不离谱。老师实际上是给学生纠偏的，尤其是本科生。

在集体生活中，家贫是一个问题，尤其容易产生心理问题。有很多贫困大学生，因为家庭经济收入低，便很少参与同学的集体活动。没有自信心，而且自闭，大家想帮他们，他们都不接受。笔者大学班里有几个同学，毕业以后就泥牛入海，再也联系不上了。

还有不在学校宿舍住的，下了课就走，这样的大学差不多白上，主动放弃真正的成长环境，实在太可惜了！

第5章 化解购房置业难题

中国房价不会大幅往下跌，因为中国人口基数太大，消费方式发生了根本性变化，无论这种变化体现在扩张居住面积还是改善居住环境上面，都构成房地产需求的最重要因素，足以撑起一个极为庞大的房地产市场。

人们买房所看重的不仅仅是基本生活上的需求，更多是附加来的其他价值，这种价值虽然无法量化，但却必然体现在房地产价格当中。我们能做的就是在现行价格下如何节省不必要的开支。

住房消费会使一些人不小心变成“房奴”，信用卡消费会使一些人不小心变成“卡奴”，汽车消费又使一些人不小心变成“油奴”。可以说，**消费支出在很大程度上考验着一个人的智慧**。

在当代社会中，如果想取得自己的房屋和汽车，多数要通过银行帮助实现。现在流行一个观点，**决策方式决定生活方式**。因为在社会里存在典型的两种人：一种是资金的富余者，一种是资金的短缺者。颇有讽刺意味的是，资金富余者并不一定就是富人，比如有点小钱不花存银行的人，他们就成了资金的实际供给者；另外一些人本身是富人，但是他的消费欲望很大，尽管有钱，却成了资金短缺者。这就形成两种不同生活方式，一种是穷人的方式，没有钱也要储蓄；一种是富人的方式，借钱也要消费。哪种方式更好，应该说从生活水平提高角度来看，**“以按揭为人生”可能更有利于提高自己的生活水平。**

所以说决策方式决定生活方式。

第1节　投资房产划算吗？

在日本曾经发生过这样一件事：有一块地报价1亿日元，大家想想，如果地面上有一栋房屋的话，那么这块地会卖多少钱呢？是1.1亿，还是9 000万？答案是后者。大家可能觉得不可思议，原因在于买这块地的人要花成本拆迁房子，由此会花费相当高的成本。从这个故事中可以看出，房子是不值钱的，土地才是最值钱的。

想想您家的房子，您家天花板是人家地板，您家地板是人家天花板，您家左墙是人家右墙，您家右墙是人家左墙。在这个六面体中，只有靠窗的一面属于您，不仅单薄，而且冬不暖，夏不凉，之外就好像没有什么单独属于您的了。没错吧！那您说，您买房子买到什么了？其实就是一个私密空间。可是在美国、澳大利亚您买房子，其实买的是那块地，而且您买下了，就永远是您的。在中国土地国有，最多也就是买到了70年的房屋使用权。尽管理论70年的使用权可以展期，但政策并不代表法律，这不能构成买房决策的依据，因为70年能否使您的房子得到补偿，根本原因在于70年之后有没有人想用您家下面这块地，如果有的话，会按市价给您拆迁补偿；如果没有人打这块地主意，那么您就待价而沽，基本上没有市场。

普通钢筋水尼建筑的设计寿命一般也就70年到时就会按危房处理，如果不做进一步加固维护。只有爆破解体一条路。很多小区按照容积率一折算，就能估出您买了多大平方米的土地使用权。用您买到的建筑面积除以容积率，就是您手里买到了多大地皮。有人算过，在大城市，拿100平方米来算，小的时候也就买了巴掌那么大的地方，大的时候也就买到了50多平方米，几十万、上百万人民币就买了这么点东西，您说值吗？还要加上这样一个事实：中国的房子多是从1996年开始盖的，经济快速发展时期所建的房子很可能靠不住，包括当时朱镕基总理所说的很多豆腐渣工程。您说70年有意义吗，估计不到20年就得裂缝，30年就成危房，您说您搬走还是不搬走，从这个角度来说，**中国房地产业从本质上被高估了。**

很多人买房子的原因是看中房价能够上涨。即便如此，也并不英明。其实房子本身并不是一种好的投资品，更多时候是当保值品看待的，按照我们的计算，从2000到2008这八年当中，全国房价平均每年上涨8%左右，每年复合回报率不到10%（不排除有些城市暴涨几倍），如果再剔除通货膨胀的因素，收益率就更低了。从这个角度看，商品房不是一项好的投资品，但是一项好的保值品。**如果真想赚到房地产行业的钱，还不如去买房地产上市公司的股票，**比如说万科，几年下来赚个1~2倍还是有指望的。如果真想在商品房上赚钱，就应该像温州人那样，买房子不是长期持有，而是快进快出，通过短期炒作从中渔利。否则买房子赚不了多少钱，而投资额度可不少。放眼世界，您会发现，每年10%收益率投资产品很多，而且投资额度要比房子小得多。所以，从单纯的投资收益角度来看，房子未必是一项好的投资品。**如果要总结出房地产投资的特点的话，那就是高投入、低产出、周期长、流动性差而且受经济周期的影响很大**。拿房子作为长期投资不划算，短期快进快出还是可以的。

那为什么还有这么多的人买房子？因为短期暴利。至于购买房屋能够获利的原因，不外乎人们看中这样一点，买房子可以从银行贷款。如果投资房产每年平均能赚到10%，我们能首付30%，其余70%贷款的话，那么就相当于我们动用了2.3倍的杠杆率，这就意味着我们表面上赚到10%，可实际上我们赚到了23%，除掉资金成本，也有15%吧！您说在市场中，短期内到哪里去找回报率15%的投资项目啊？所以说房地产之所以吸引很多人去购买的一大原因，在于银行提供的信贷支持所造成的杠杆率使它的收益翻了2.3倍，在创造出巨额财富的同时也吹起了房地产的泡沫。

近一年来，国家出台各项政策抑制房地产过热，比如房贷新政策规定，对于已经用贷款购买住房、又申请购买第二套住房的人，首付比例不能低于40%，贷款利率不得低于中国人民银行公布的同期同档次利率的1.1倍。这样就大大提高了贷款购房的融资成本。我们来算一笔账：40%首付，杠杆率缩小为1.5倍，比市场利率高1%的贷款利率，按照现在房贷利率7.84%计算，融资成本为8.84%，在房地产每年上涨10%的情况下，投资回报率为15%，考虑到融资成本是8.84%，实际的投资回报率（不考虑通货膨胀）只有区区的6.16%。现在可以明白为什么深圳、上海等一线城市房价在2008 年大幅度下降了吧？因为这些措施有效抑制了房地产的投机行为。

有很多人会问这样一个问题："我第一套住房的贷款已经还清了，再贷款买房还应该算是第一套住房吧？"这种说法是不对的，因为中国人民银行建立了个人信用信息基础数据库，每个人购买房子的套数、贷款期限、主要资产抵押状况等信息一览无余。除非是拿别人的身份证贷款购房，否则肯定逃不掉第二套住房的追溯。当然，那样做房主也不是您了。

第2节　房产需求是怎样创造出来的？

我的一位同学担任地产公司的董事，他认为，中国房价不会大幅下跌，因为中国不仅人口基数庞大，而且消费方式发生了根本的变化。这种变化主要体现在两个方面：一是扩张面积的需求，二是改善居住环境的需求。这两个方面是构成房地产需求的最重要的因素，再加上中国庞大的人口基数，哪怕只有少数人有这样的需求，也会支撑起一个极为庞大的房地产市场。

一、居住需求的自我膨胀

中国人口基数太大，老百姓居住条件普遍较差。对我们的父辈来说，他们最大的想法就是从自己住的平房搬到筒子楼里去，因为一个是楼，一个是房，当然住楼更方便，也更有面子。可是搬到筒子楼里才发现，大家得共用厨房、厕所，于是他们就想，如果哪一天能够把厨房和卫生间搬到自己搬进屋里，该多好啊！这甚至成了他们一生的追求。于是后来有了两居室或一居室的单元楼，每个家庭都有自己独立的厨房和卫生间。后来有了电冰箱、洗衣机，就需要两室一厅的房子，客人来了就不用进卧室坐床上聊天了。后来人们又觉得单有房子没有环境也不行，于是又从两室一厅搬进了现在我们所住的小区。可是刚住进小区不久，又发现自己的房子格局不好，厅的面积太小，于是开始扩大厅的面积，一家人的起居主要活动在厅里进行，也方便孩子娱乐。后来人们又觉得仅仅生活在一层楼里过于太单调，如果自己的房间错落有致就好了，于是带跃层的房子走进我们的生活。生活越来越丰富多彩，房间也在向多功能方向发展。

我在哈尔滨的一位朋友买了400平方米的房子，当问他为什么买这么大时，他告诉我说：自己要有一个单独的工作间吧？妻子要有一个更衣室吧？夫妻二人得各有一个房间吧（吵架了可以分开住）？全家得共有一个影音室吧？宠物也得有待的地方吧？保姆也得有个房间不是？自己的孩子总得有个单独娱乐的地方吧？如果要生两个孩子的话，是不是就又多出来一间？父母房、亲戚朋友的客房总得有吧？经他这么一算，400平方米的房子非得弄出10个房间才够用。

如果条件允许，我们的房子应该是前面有水，后面靠山。向前一步，临水而聪慧，后退一步，近山则志高；进退之间，我们融入自然，惬意无限，颇有隐世的感觉。如果水面小的话，就建一游泳池；水面大一点的话，就放一条船，叫游艇。再说后面的山，山下面应该挖一酒窖，朋友来的时候，第一件事情就是领他们参观酒窖，里面要有各种各样的酒，每种酒要介绍来历、历史、特色、口感。介绍完毕之后，问朋友喜欢哪种，晚宴就成了文化大餐，旅行也成了文化之旅。我们的后院再养上几匹骏马，喂上几条猎狗，朋友来时可以带朋友去打猎，猎狗有专门抓狐狸的，有专门抓兔子的，各司其职。出发的时候，我们坐在马车里，请客人坐在吉普车里，这样才能彰显自己的复古之美。也许我们还应该预留停机坪，再过十年二十年，也许我们会有自己的直升机，就像我们二十几年前不曾幻想会有私家汽车一样。

二、居住需求的理性回归

尽管故事很吸引人，或许也代表了居住的发展趋势，但多少有些不切实际。现代人一般都是小家庭，三口之家，就算是把父母接过来住，也用不着跃层，毕竟家里的楼梯又陡又窄，整天爬上爬下搞不好还会摔倒老人家。带跃层的一套面积要接近280平方米以上，大都在所谓“高尚”社区。等到您有这个财力的时候，大概也得奔五十了，就是有这个需要，孩子也快上大学了。所以实际上买跃层，还不如在同一层上买两套，要是两辈人关系好，装修时把两套房之间的施工口打通，再安个门，晚上睡觉是两家，白天吃饭是一家。两套房子，一套大一点，一套小一点，大的自己住，小的给父母或者亲戚来的时候住，或者孩子长大结婚就是新房。比如一套90米，一套160米就合适，比跃层实用。

实际上，我们有个200平方米的房子就足够了。如果钱真多到兴建水边别墅、养犬打猎的时候，估计您早就拍屁股周游全世界去了，自己家里也不会怎么打理，而且忙得没时间把人往家里请了，要么去俱乐部，要么去饭店，没事不会约到家里；而且现在亲戚来都不愿意给人添麻烦，打个电话发条短信，可能连礼节性的登门拜访都免了。想想看，这么大一套房子，您得用多少人？这种人纯粹是坐吃山空的消费者，在国外也几乎不存在了。养不起这么大的房子，很重要的原因就是税。在中国，您得考虑一个问题，地总有被政府卖光的一天，开发商总有把楼盖完的一天，那时候政府靠什么？估计就得靠物业税了。

父母的房子一般格局都不太好，比较旧，但却位于市中心。如果不是急等钱用的话，暂时不要考虑卖掉，而应该租出去，租金不会低。因为租这样的房子基本上是为了解决孩子上学。市中心的教育资源搬不走，名校也没有听说连根拔起搬到远郊区县的。好多小区就是因为靠近一所名校，以至于整个小区房子租、售相当火爆，最典型就是北京崇文区东花市，全都开发高档住宅了，原有一个中学在那里，政府和开发商互动，下大力气投资办成示范校，品牌价值提升极快。其实有钱人最在意的就是子女教育，别的事情实际上都可以靠后。

如果有子女上学，而父母的房子又不在学区内，比较好的办法可能就是在学校旁边租房住。现在中学的住宿生都是按录取名次从前往后排，考的不好不一定住得进去，申请的人特多。如果孩子每天上学花在路上的时间是两三个小时，三年算下来那是巨大的损失，所以，如果住不进宿舍，可以租一套两居室，要么是母亲陪着孩子，要么就是父母都过来，全家星期五晚上再回郊外的家，这是很典型的北京模式。三十岁的人考虑的可能是享受生活，可等孩子一出生上幼儿园就现实了；四十岁的人考虑的是子女教育，而买房子的主力就是这些人。

第3节　购房的省钱之道

人们买房子所看重的不仅仅是基本生活上的需求，更多是附加来的其他价值，比如教育方面的价值、交通方面的价值、养老方面的价值、文化方面的价值、区域带来的价值。这种附加价值往往比房子本身更有价值，而这种价值在很多时候是没有办法进行量化的，它会随着城市的发展，随着人们收入的增加和观念的转变而变化。虽然这种价值无法量化，但却必然体现在房地产的价格当中，我们能做的就是在现行价格下如何节省不必要的开支，现在就让我们开始我们的省钱之旅。

一、贷款就比不贷款好

我问过很多人："如果您有足够的钱，您会选择贷款购房吗?"他们经常告诉说："不会，有钱谁还贷款啊?"在他们眼里，贷款购房是没办法的办法。再问："如果有好的投资机会，您还会贷款吗?"他们会反问："贷款周期 20 年，好的投资机会不能 20 年都有吧? 而利率可是每年都会变化，谁知道利率会不会超过我们的投资回报率呢? 所以还是不冒这个险了!"他们的回答很精彩，也确实代表了购房者的心态，而且听起来特别有道理。但是，并不正确，为什么呢?

第一，**贷款可以抵御通货膨胀。固定利率贷款更有利，这样可以锁定利率。**那么多高的固定利率可以接受呢? 我们先看一下历年的通货膨胀状况，如图 5－1：1985～2007 年，我国居民消费价格指数平均为 6%；自有房屋按揭贷款以来，贷款利率平均也在 6% 左右，2007 年末才开始调高，到现在也不过才 7.84%。想想看，如果我们的钱放着不动，每年平均要被通货膨胀吃掉 6%，买房子按揭贷款也是 6%，这就相当于我们用自己的钱和用银行的钱是一样的，或者说我们在免费使用银行的钱，难道不是吗？现在再问您，多高的固定利率可以接受？6% ~8% 的固定利率应该都没有问题了吧！

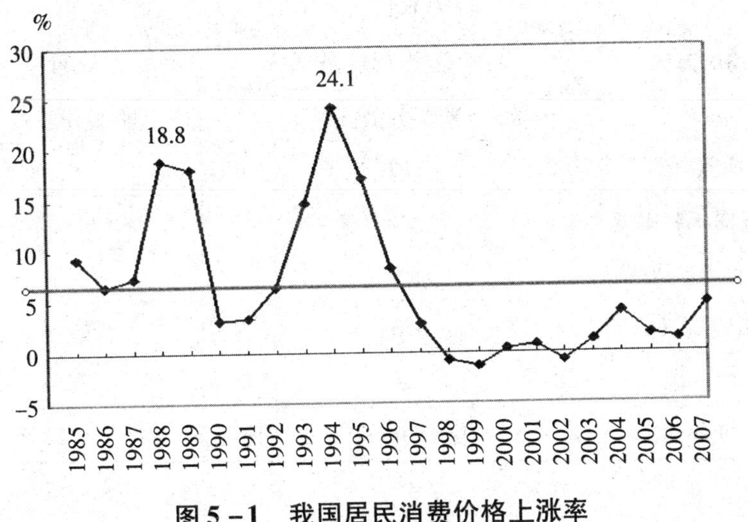

图 5 -1　我国居民消费价格上涨率

第二，**20 年的贷款期限对我们来说就是 20 年的投资期限。**第 2 章告诉我们 20 年内获得每年 10% 的投资回报率是没有问题的，我们再保守一点，只求 8% 的投资回报率，一次性购买和按揭贷款价值相比，会是什么结果呢？如表 5 -1，假设我们有 100 万现金，如果买价格 100 万的房子，一次性付款，20 年后我们只剩下一栋房子，别的什么都没有，而且房子会有折旧；如果我们能够按照 20% 首付，80 万银行按揭贷款，剩下的 80 万别的不用干，只需买开放式基金就行，那么 20 年后我们不仅拥有同样的房子，而且会多出来 56 万现金，而且还是最保守的投资收益。看到这样的测试结果，您觉得该不该贷款呢？相信大家会有自己的答案。

表 5－1

	买 100 万元的房子		买 40 万元的房子	
购房方式	一次性购买	20 万首付房款 80 万银行按揭 80 万购买开放式基金	一次性购买	8 万首付房款 32 万银行按揭 32 万购买开放式基金
初始房款（万元）	100	20	40	8
按揭年利率		6%		6%
模拟投资年回报率		8%		8%
月供金额（元）	0	5731	0	2293
年　限	20	20	20	20
20 年后	房子	房子＋56 万	房子	房子＋22 万

二、贷款条件下的选房策略

在明确了不管我们有没有足够的钱用于全额付款购置房屋都要按揭贷款之后，让我们做房地产置业的第一步——选房。

房是怎么选的呢？大多是开一辆车，车里有出钱的人，大多都是父母，有实际用房子的人，比如新婚夫妇。因为有车，所以能多到几个地方去看房，看看房子盖得怎么样，面积多大，布局合不合理，再问问房价多少钱，售楼人员会根据您的要求给您算笔账，结局大同小异：自己喜欢的买不起，买得起的又不是很喜欢，于是去另外一个楼盘再看看，直到选中自己也喜欢，价格还能承受的房子，我们把这种选房子的办法叫试错法。

试错法选房的成本很高，时间耗费严重，更可怕的是发生这样的结果：比如未婚夫妻俩人选房，第一家买不起，没关系；再到第二家，如果还买不起，男方一般都会觉得脸面有点过不去；到第三家的时候如果还买不起，男方开始觉得跌份了，再往后，就连女方都会怀疑自己是不是嫁错人了，怎么什么都买不起呢？至少会觉得心里不舒服。我们做过调查，结果显示一般人在最终成交之前平均要看六家楼盘，平均耗时一个月。

有没有一种好的选房策略，既省时、省钱又可以博得女友欢心？答案是有的。现在就让我们来熟悉这种方法。

首先，在买房子之前自己先算笔账，看自己到底能负担多少首付款和房贷，把这两部分加在一起，扣掉装修费用，就是能买得起的房子价格。然后上网查查不同地段房子的价格是多少，就可以估算出大概能买多大平方米的房子。最后再算每月还款的月供所占收入的比重，就知道贷款的比例合适不合适了。为了把这种办法说清楚，请看下面的例子。

王先生年收入10万元，预计收入每年增加3%，每年的储蓄比率为40%。目前有存款5万元，打算5年后买房，假设王先生的投资报酬率为5%。王先生买房时准备贷款20年，假设房贷利率为6%。问：可负担多少首付款？可负担多少房贷？可负担多少房屋总价？

第一步：计算出王先生可以负担的首付款。

王先生5年后的可负担首付款为297 827元，但是考虑到王先生购房后一系列的支出如相关税费、装修等，把王先生可负担的首付款调整为250 000元。

表5－2

	年收入	年储蓄	第5年后终值
0		50 000	63 814
1	100 000	40 000	48 620
2	103 000	41 200	47 694
3	106 090	42 436	46 785
4	109 273	43 709	45 894
5	112 551	45 020	45 020
终值合计			297 827

第二步：计算王先生可以负担的贷款。

假设王先生买房时准备贷款20年，假设房贷利率为6%，并且假设王先生每年的房贷还款额为40 000元，则折算至王先生买房时可负担房贷为58 797元，可负担房屋总价＝45 8797＋25 0000＝70 8797元

第三步：验证贷款比例是否合适。

250 000/708 797＝35%

贷款比例＝1－35%＝65%，这个比例只要不超过80%就是合理的。

月供占月收入的比重＝40 000/112 551＝35.54%，这个比例合不合适呢？我们有一个评价标准，房贷支出占税前收入的

比重一般不要超过30%，所有各种贷款加在一起的月支出总额占月收入的比重一般不能超过38%。按这个标准看，考虑到王先生的收入逐年增加，而贷款支出保持不变，为每年40 000元，35.54%还款比例还是比较合理的。

对于王先生来说，如果脱离这个标准到市场去看房子，只能是越看越失望；按照这个标准去选房，才能乘兴而去，满意而归。

对于即将踏入婚姻殿堂的未婚夫妻们是不是也应该考虑采用这种方式呢？这样选定的房子是当前能做出的最优选择，能保证你们的日子越过越好。

每个打算购房的客户更清楚的是这样的信息：一年收入多少钱，收入每年能增长多少钱，每年储蓄比率大概多少，什么时候打算买房子。所以我们选择王先生的办法来选房才更科学。

我们不是很支持用下面的办法来计算房贷，比如这个例子：

张先生看好了一套100平方米的房子，据张先生了解，目前这套住房的价格是6 000元/平方米，购买这套100平方米的房子所需要的费用为60万元。张先生可以通过按照6%的贷款利率做7成按揭，贷款期限20年。这样算下来，张先生每个月需要还款3 009元。通过进一步了解发现，张先生每月收入5 500元左右，这样每月的还款额要占其收入的54.71%，也会对张先生形成非常大的压力。我们平时所说的“房奴”也是有标准的，只有月还贷额超过月收入的50%才有资格成为“房奴”，看来“房奴”也不是那么好当的。

三、购房的杂项开支

在上面王先生的例子中，我们只是简单说不能把全部节余用作首付款，因为除装修外，购房的杂项开支很多，也很大，主要是契税、保险税、印花税等等。

1. 契税

普通住宅按房屋成交价的1.5%缴纳契税，非普通住宅按房屋成交价的3%缴纳契税。按北京市建委发布的相关标准，普通住宅是指：住宅小区容积率在1.0（含）以上；单套建筑面积在140（含）平方米以下；实际成交价低于同级别土地上普通住房平均交易价格1.2倍以下。不符合上述三个条件的为非普通住宅。

征收契税的目的是为了促进社会公平，穷人少缴税，富人多缴税，抽肥补瘦。但从实施效果来看根本达不到这个目的，因为普通住宅和非普通住宅的契税相差一倍，所以成了购房者和开发商最关注的问题。开发商想方设法帮助能够出得起钱买非普通住宅的客户，为此动了不少脑筋。比如为了规避第一个条件，将户型设计成两个140平米的，单独出售给同一客户，组合起来才是功能齐备的豪宅；第三个条件更容易满足，同一地段谁都不会给谁打价，同样品质的房屋单价差不了多少钱，即使房屋品质有较大差别，也可以通过调整装修程度来加以回避。这两条在我们看来还算公平，毕竟谁出的钱多，谁该享有更好的住宅。至于说抽肥补瘦，则根本达不到。可是对于第二个条件，即容积率标准，不仅没能实现让富人补贴穷人的政策意图，反而造成了穷人补贴富人的怪状。这是为什么呢？请看表5－3。

表5－3　福州市部分楼盘容积率一览

名　称	结　构	容积率
鹭岛北海湾	独幢、并联别墅	0.9
宁宝高层		1.48
大学湾一期	多层	1.56
古龙明珠	小高层、别墅	1.6
双桥明珠	多层、小高层	1.8
怡家园社区		1.8
中铁海湾豪宅	多层、小高层	2.05
聚鑫广场	多层	2.1
集美J2006G03	多层、小高层	3.6
杏林J2006G02	高层居住楼	3.9
中铁海湾华庭	多层、小高层	4.4
国建东海岸Ⅲ期	联排、双并别墅	4.5

这里要解释一下容积率到底怎么回事。开发商从政府手里拿到土地面积是用地面积，地上所建的建筑物的总面积叫

做建筑面积，然后用建筑面积比上用地面积，就是我们所说的容积率。容积率较低，建筑面积少，景区面积大，环境比较优美。

我 2007 年上半年考察过福州的房地产状况，像鹭岛北海湾、古龙明珠和国建东海岸 III 期这样的楼盘基本上都属于豪宅，可是一考察容积率，比率还都挺高，基本在 1 以下。至于多层楼盘，无一例外容积率超过 1。在这种情况下，即使是别墅也算不上非普通住宅了。后来我又往下探讨开发商是怎样把容积率做高的呢？一调查我才明白，现在的房地产开发商心里清楚着呢，那些能够买得起他们楼盘的，基本上都属于有钱人，有钱人买那么大平方米的房子，想要那么好的居住条件容易吗？不容易，所以要帮有钱人省点钱。于是开发商想了一招，把整个小区的房子设计成古罗马竞技场似的，最外面守街边的是高层住宅，套内面积小，越往中间房屋越低，面积越大。临街的房子卖给那些想买房但钱又不多的人；里面米数大的卖给有钱人，只有这些有钱人能真正帮助开发商赚取更多的钱。令人气愤的是，居住在外围的穷人和居住在中心的富人每平方米的房价基本差不多，而且非常可能的是富人还享有用现金一次性交全款的折扣。所以说，这种容积率的评价标准首先侵害了穷人的利益，每平方米同样的支出却得不到同样的居住条件；第二，这种做法也严重损害了政府的利益，因为国家的税收收入被这种办法摊低了。

如果没有公正的政府调节手段，一个社会搞不好就成了穷人补贴富人，因为您一旦有了钱，很多人会跑来想办法帮您省钱；如果您是个穷人，很多人都会想方设法从您身上榨出油来。

2. 印花税

印花税是以经济活动中书立的各种合同、产权转移书据、营业账簿、权利许可证照等应税凭证文件为对象所课征的一种税。商品房买卖过程中所涉及的印花税有以下两种：购房者与房地产开发商签订《商品房买卖合同》时，按照购销金额万分之三贴花，购房者与商业银行签订《个人购房贷款合同》时，按借款额的万分之零点五贴花；个人从政府有关部门领取《房屋产权证》时，每件贴花5元。

3. 律师费

律师费是银行聘请律师审核贷款客户资质所发生的费用，目的是为了防范贷款人的违约风险。律师是银行聘的，可钱却不是银行出的，谁买房子谁付钱，买房贷款人需按每单申请贷款额3‰支付律师费，真是岂有此理，目前有些地方比如北京市已改为“谁委托，谁付费”。

4. 保险费

保险费是银行担心抵押房产的毁损风险而向保险公司投保所付的费用，一旦发生房产毁损，保险公司将向贷款银行理赔。这笔钱本应银行付，可实际上还是由购房者支出的。目前房贷险的费率在 0.04%~0.06%，一套总价 100 万元的房子，以贷款 70 万、期限 20 年、费率 0.043% 算，保险费 6020 元，对贷款人来说，这是一笔不小的开销。所以现在各地取消房贷险的呼声越来越高，中国工商银行、中国建设银行、中国银行在部分省市取消了房贷险。

5. 其他税费

至于其他税费，大家可以参考表 5－4，此表以北京市为例。

表 5－4

置业程序	税费项目	收费单位	收费标准
第一步：签署买卖合同	购房公证费	公证处	房价×0.03%
	购销合同印花税	国土局	房价×0.05%
第二步：办理按揭手续（一次性付款则省略此步骤）	按揭合同公证费	公证处	贷款额×0.03%
	借款合同印花税	国土局	贷款额×0.005%
	评估费	公证处	依贷款行的规定
	保险费	保险公司	总价×贷款年限系数
	抵押登记费	国土局	房屋面积×0.3
	委托公证费	公证处	300 元/套
第三步：办理产权证	契税	国土局	房价×1.5%（3%）
	交易登记费	国土局	80 元/户
	房地产证贴花	国土局	5 元/本
	公共维修金	小区管理办	房价×2%

评估费的收费标准国家没有明文规定，而是随行就市，也就是评估机构收费标准由市场调节。北京市中介机构目前的收费标准是：房屋总价100万元以下（含100万元）的，收取评估总价的0.42%，100万~500万元（含500万元）的累进计费率为0.3%，500万~2 000万元的收取评估总价的0.12%，2 000万~5 000万元（含5 000万元）的收取评估总价的0.06%，5 000万元以上的收取评估总价的0.012%。例如，一套100万元的房屋，今后需交纳的评估费将为100万×0.42% =4 200元。

如果我们以北京市100平方米的普通住宅、100万元的房屋总价、20年期限、80万元贷款额来计算，各项税费加在一起为47570元。

四、贷款方式选择决定花钱多少

不知道您有没有这样的经历，只要是贷款，银行的员工都会建议您选用等额本息还款法，更有甚者，有的银行根本就不办理其他贷款方式，您知道这是为什么吗?

还是让我们来看一下最基本的两种还款方式吧：“等额本金还款法”是指每月还款本金保持不变，利息逐步递减；“等额本息还款法”是指每月偿还金额相等，在偿还初期利息支出最大，本金最少，以后利息支付逐步减少，本金逐步增加。

现在我们来比较一下两种贷款方式的优劣，请看下面这个例子：

张先生购买了一套总价100万元的新房，首付20万，贷款80万，利率6%，期限20年。如果采用等额本息还款方式，每月还款额为多少？利息总额为多少？如果采用等额本金还款方式，利息总额为多少？第一月还款额为多少？

1. 等额本息还款方式

$$每月还款额=\frac{贷款本金\times月利率\times（1+月利率）^{还款期数}}{（1+月利率）^{还款期数}-1}$$

根据上面公式，我们可以计算出张先生每月还款额为5 731.45元；整个贷款期间所还利息为5 731.45×240－800 000=575 548元。从中可以看出，80万本金孳生出57万元利息，考虑到银行针对这笔贷款所做的律师审核和保险公司的投保，这笔收入是非常稳定的。对贷款人来讲，还款操作相对简单，等额支付月供也方便贷款人合理安排每月支出。

2. 等额本金还款方式

$$每月还款额=\frac{贷款本金}{还款期数}+（贷款本金-\begin{matrix}累计已\\还本金\end{matrix}）\times月利率$$

根据公式我们可以看出，贷款人每月支付的本金数额不变，孳生利息的本金等差减少，所以我们可以根据等差数列计算出来利息的支付数额。

每月本金还款额=800 000÷240=3 333.33

第一月利息额 = 800 000 × 0.06/12 = 4 000

第一月总还款额 = 3 333.33 + 4 000 = 7 333.33

利息总额 = 3 333.33 × 0.005 ×（240 + 239 + … + 1）

= 3 333.33 × 0.005 ×（240 + 1）× 240 ÷ 2

= 482 000

从这个案例可以看出，如果采取“等额本息还款法”，20 年共还本金 80 万，利息 57.6 万；如果采取“等额本金还款法”，20 年共还本金 80 万，利息 48.2 万。从总额上来看，如果没有提前还款打算的话，那就意味着同样一个人仅仅因为还款方式选择不同，银行在第一种方式上就比第二种方式多赚将近 10 万元，10 万元占到 48.2 万的 21%，意味着银行推荐客户选择“等额本息还款法”可以提高银行利润 21%，现在您明白银行为什么推荐您选择“等额本息还款法”了吧？

虽然银行也在不断开发新的还款方式，比如等额递增还款法、等额递减还款法、等比递增还款法和等比递减还款法等新的还款方式，可银行做的比较多的还是等额本金和等额本息还款法。

从上面的计算结果看，如果您采取“等额本金还款法”的话，尽管少交了利息，初期的还款压力比较大。“等额本金还款法”第一个月的还款额要比“等额本息还款法”高出1 600 元，所以采用这种还款方式要考虑初期的承受能力。

五、提前还贷学问大

关于提前还贷的问题，我在网上看过一篇报道，说如果有提前还贷打算的话，等额本金还款法要比等额本息还款法好，其依据是同样贷款一段时间后，等额本息还款法所要支付的利息将高于等额本金还款法，而在提前还贷时已支付的利息是不退还的，这就相对多支付了许多原本不应该提前支付的利息，因此，购房者如果想要提前还款，等额本金还款法相对要有利些。

大家觉得这种说法对吗？让我们用整个还款周期所偿还的本息总额作为判断哪种还款方式更好的标准来验证一下。

在下面的比较中涉及较多的财务计算，为通俗易懂、降低阅读难度，省略了计算过程，直接给出结果。

1. 全部提前还款

即客户将剩余的全部贷款一次性还清。

继续上面的例子，我们假设张先生 5 年后希望提前还贷而且是全部还清，选择等额本息还款法好呢还是选择等额本金还款法好呢？

等额本息还款法

5 年中偿还本金 120 803 元

5 年中偿还利息 223 084 元

5 年后未偿还本金 679 197 元

总共支付款额 = 提前还贷前的本息和 + 提前还贷额

+ 提前还贷后的本息和

= 800 000 + 223 084 = 1 023 084 元

等额本金还款法

5 年中共偿还本金 200 000 元

5 年中偿还利息 3 333. 33 × 0. 005 × （240 + 239 + … + 181）

= 3 333. 33 × 0. 005 × （240 + 181） × 60 ÷ 2 = 210 500 元

5 年后未偿还本金 600 000 元

总共支付款额 = 提前还贷前的本息和 + 提前还贷额

+ 提前还贷后的本息和

= 800 000 + 210 500 = 1 010 500 元

两种还款法比较后发现，等额本息还款法比等额本金还款法多支付利息 12 584 元，还是等额本金还款法要好一些。

2. 部分提前还款

剩余的贷款保持每月还款额不变，但缩短还款期限。

若张先生在还款 5 年后，有一笔 10 万元的偶然收入，张先生计划用这 10 万元来提前归还部分贷款，提前还贷后，希望每月负担额保持原来的水平，但缩短还款期限，两种还款法那种好呢？

等额本息还款法

5 年中偿还本金 120 803 元

5 年中偿还利息 223 084 元

5 年后未偿还本金 679 197 元

提前还贷后未还本金额 579 197 元

提前还贷后需偿还的利息额 229 532 元

总共支付款额 = 提前还贷前的本息和 + 提前还贷额 + 提前还贷后的本息和 = 800 000 + 223 084 + 229 532 = 1 252 616 元

等额本金还款法

5 年中共偿付本金 200 000 元

5 年中偿还利息 3 333.33 × 0.005 × （240 + 239 + ⋯ + 181）

= 3 333.33 × 0.005 × （240 + 181） × 60 ÷ 2 = 210 500 元

5 年后未偿还本金 600 000 元

提前还贷后未还本金额 500 000 元（10 万元相当于提前还贷 30 期，即 30 个月）

提前还贷后需偿还的利息额 3 333.33 × 0.005 × （150 + 149 + ⋯ + 1）

= 3 333.33 × 0.005 × （150 + 1） × 150 ÷ 2 = 195 000 元

总共支付款额 = 提前还贷前的本息和 + 提前还贷额 + 提前还贷后的本息和

= 800 000 + 210 500 + 195 000 = 1 205 500 元

两种还款法比较后发现，等额本息还款法比等额本金还款法多支付利息 47 116 元，看来等额本金还款法要好一些。

3. 部分提前还款

剩余的贷款保持还款期限不变，但降低每月还款额。

若张先生在还款 5 年后，有一笔 10 万元的偶然收入，张先生计划用这 10 万元来提前归还部分贷款，提前还贷后仍保持原还款期限，但减少每月的还款负担。

等额本息还款法

5 年中偿还本金 120 803 元

5 年中偿还利息 223 084 元

5 年后未偿还本金 679 197 元

提前还贷后未还本金额 579 197 元

提前还贷后需偿还的利息额 300 570 元

总共支付款额 = 提前还贷前的本息和 + 提前还贷额

+ 提前还贷后的本息和

= 800 000 + 223 084 + 300 570 = 1 323 654 元

等额本金还款法

5 年中偿还本金 200 000 元

5 年中偿还利息 3 333. 33 × 0. 005 × （240 + 239 + … + 181）

=3 333.33×0.005×（240+181）×60÷2=210 500元

5年后未偿还本金600 000元

提前还贷后未还本金额500 000元（相当于每月偿还本金2 777.78元）

提前还贷后需偿还的利息额2 777.78×0.005×（180+149+…+1）

=2 777.78×0.005×（180+1）×180÷2=236 250元

总共支付款额=提前还贷前的本息和+提前还贷额

+提前还贷后的本息和

=800 000+210 500+236 250=1 246 750元

两种还款法比较后发现，等额本息还款法比等额本金还款法多支付利息76 904元，还是等额本金还款法要好一些。

通过计算三种提前还贷的方法，我们都得出了同样的结论，那就是如果客户有提前还款打算，应该选择等额本金还款法。当然，如果客户另有好的投资机会，即年收益率大于或等于6%，就不要提前还贷。

六、提前还贷化解"跳槽"后顾之忧

本例中15年的投资期限太容易实现大于6%的投资收益了，这种情况下提前还贷本身就是个伪命题，只不过大多数人没有这方面的理财经验而已。那为什么还要研究提前还贷问题呢？原因在于它能够解决现实中的大问题，比如跳槽。请看下面这个例子。

5 年前张先生购买了一套总价 100 万的新房，首付 20 万，贷款 80 万，利率 6%，期限 20 年。今年张先生有一笔 10 万元的偶然收入，张先生计划用这 10 万元来提前归还部分贷款（等额本息法）。张先生目前所居房屋为单位集资房，合约规定自购房之日起 10 年内离职将补偿原单位 4 000 元/平方米差价款。由于工作原因，张先生与妻子两地分居，张先生打算 5 年后结束两地生活，但担心产权证没拿到自己手里，在办理调转手续时会受制于原单位，所以打算 5 年后通过提前还贷方式交清房款，提前还款安排如下：

第一步：计算今年提前还贷 10 万元后还有多少本金没还。

5 年中偿还本金 120 803 元

5 年中偿还利息 223 084 元

5 年后未偿还本金 679 197 元

今年提前还贷后未还本金额 579 197 元

第二步：提前还贷 10 万元后，张先生面临着两种选择，

一是保持每月付款额不变，5 年后偿还所有本金

贷款本金 579 197 元

每月还款额 5 731. 45 元

5 年后未偿还本金 381 366 元

所以张先生要从现在起每个月还款 5 731. 45 元，同时在 5 年内准备出 381 366 元，以便交清贷款办理产权手续。

二是提前还贷后提高每月还款额度，在 5 年内还清

贷款本金 579 197 元

贷款期限 60 期（1 年 12 期）

贷款利率 6%

每月还款额 11 197.49 元

每月提高还款额度 5 466.04 元

第 4 节　聪明人不做糊涂事

生活是选择的艺术，选择就意味着放弃，没有十全十美的结果。投资更不是一种时尚，适合自己的才是最好的，很难做出定量的判断，就像鞋合不合适，只有自己的脚才知道。不是说聪明人干的事就一定明智，一个人考虑问题不能没有系统思想，做决策一定要综合平衡。

一、傍着名校买二手房

如果您只是普通工薪一族，位于市内繁华地段又能让您看得上眼的楼盘大概都是天价，肯定不是为您预备的，所以想都别想。同样的户型，要跑出几十里地荒郊野外直到看见了庄稼才敢张嘴问价。其实很多人的收入水平并不适合买远郊所谓高尚社区的房子，这种地方不仅公共交通极为不便，而且市政、公用设施在很长时期内跟不上，更没有像样的商场、学校和医院，生存质量很差。这里唯一能吸引您的就是户型和面积，能让您脸上有光，房价低得差不多能省出辆车来，可以提前实现有车一族的小康梦想。住在郊外，汽车就不能不买，可停车费又受不了，只好再咬牙买个配套的地下车位，好歹也算肥水不流外人田，这就值出一辆车钱了。高尚社区即使房价没那么高，每月的物业费可不是您说了算，一点也不比城里少。还要错开上下班高峰时间，每天早出晚归，两头不见太阳，几个小时堵在马路上，这叫享受生活吗？

买房子当然要为自己着想，但更要为子女教育着想。比较现实的做法是先在城里交通方便的地段买套两居室二手房，这种房子大多是国家单位上世纪 80 年代出资为自己职工盖的，位置相对较好，建筑质量也有保障（哪个管基建的行政处长敢自己带领导住豆腐渣工程），市政配套设施齐全，就是结构旧、面积小，卫生间放不下洗衣机，厨房塞不进电冰箱，楼下几乎没有停车位，私家车晚上只能撂在大街上，要是早上睡过了头，搞不好还可能被交通警贴小条。年轻人住这样的房子当然会觉得不体面，但好处是房价要比周边的新楼盘低不少，每月交的物业费更是福利性的，不过是居委会雇人打扫卫生、清运垃圾的费用。派出所离得也近，街坊邻居大都认识，成天扎堆坐在楼门口聊天，根本不用再雇保安站岗巡逻。最大的好处是交通实在方便，大大节省上下班时间，晚上有商场逛，早起有公园练，特别是离公办幼儿园和学校都不远，将来有了孩子就可以按户口就近入学，不仅省下一大笔跨区择校费，连孩子上学都不用过马路，更不用家长早晚中午接送，等于大人孩子一起又多活好几年！都说时间就是生命，省下出行的时间来，孩子可以睡觉，也可以学习，家长腾出精力专心干好本职工作，才有更多晋升加薪的机会。据许多家长反映，在名校周边买房其实最划算，比如北京西城、海淀这些基础教育资源最充足的地段。等将来孩子上了大学，就可以把房子卖个好价钱或者高价租出去，绝不吃亏，还能大赚一笔。一个城市最不容易搬走的就是名牌学校，那都是金字招牌，又叫“城市名片”，有政府呵护，许多前清时的老校上百年都不用挪地方，学生一茬茬毕业走人，校园周边的出租房永远供不应求，甚至要提前半年一年预订。

二、汽车能不买就先别买

对现代人而言，房子和汽车总是不分家的，这里也顺便说说买车的事。

做事情一定要合理，许多家庭做出的最不合理的决策通常是买车。买车本是好事，父母心疼儿女，大学一毕业就给买辆车也是人之常情。车是有了，但油钱养路费一年算下来可不是小数。但凡像点模样的单位停车都成问题，有极个别车位也是领导专用，最多带上中层干部或元老、业务骨干，新人肯定轮不上。没办法，只能削尖脑袋到附近居民区里找地方，等住户上班走了空出车位再进去，当然少不了付一笔停车费，这还算幸运的。要不想停在路边被贴小条，就只能去附近商厦地下停车场，一天八小时下来，闹不好比汽油还贵。

当然，许多家庭买车的“硬道理”是为接送孩子上下学和外出补习功课，其实自己给孩子当司机可能最不划算。现在很多路段交通拥堵，高峰时连自行车都难过去，汽车干脆趴着不动窝，而公交、地铁却越来越便捷。要不这年头坐公交车的准点到，开私家车的总迟到！哪怕在单位里当上再大的领导，自己开车上街也是“司机的干活”。油钱不算，误工不说，还不如把养车的钱让孩子打出租车，或安排就近的几个孩子拼车上学，这样家长至少把时间省出来了。住城里的好处就是人人都能充分享受到政府提供的公共物品。

三、做里子工程，不做面子工程

聪明人容易犯的毛病一是聪明反被聪明误，二是死要面子活受罪，三是丢了西瓜捡芝麻。很多家庭都热衷打造面子工程，可这副架子一端起来就不是说放就放下了。如果盲目攀比，你买车我也买车，你换房我也换房，再没高人指点，少不了一通瞎折腾，最后把那点血汗钱踢打光了完事，然后继续塌塌实实过穷日子。老话说得其实没错，“吃不穷，花不穷，算计不到一世穷”。现在人应该更明白。我们的生活丰富多彩，处处都能体现出技术含量来，其实那就是人的智慧。

后　记

2005 年年末，沉寂了四年的股市终于爆发，全民的创富热情也随着股市的疯狂表现而空前高涨，各种媒体也推波助澜，几乎每家电视台都有专门的财经频道，每天和观众沟通股市信息，好像谁不谈股市谁就不够时尚，更不合适宜。理财也借着股市的东风而走入千家万户，走入百姓的生活。也许是因为理财和股市难以割舍的关系，很多人都认为理财就是投资股市，就是赚钱。这让我着实为他们捏了一把汗。

美好的时光总是那么容易消逝，当时针指向 2007 年 10 月以后，股市开始感冒，然后重病缠身，单边大幅度下跌，至今连个像样的反弹都没有。人们惊恐地看着自己的财富大幅度缩水，甚至谈股色变，认为股市无异于赌场，理财不能投资于股市。仅仅是股市的一涨一跌，人们竟能得到天壤之别的结论，凸显出普通百姓的理财观念之薄弱和理财工具之单一。

理财离不开股市，但理财绝不是简单地投资股市。毕竟生活中有太多值得我们思考的东西，比如家庭征信的问题、婚姻的问题、财产继承的问题、养老的问题等等，这些都是可以通过理财的理念、方法和技术加以解决的，如果再加上读者自己的丰富生活阅历，甚至能够创造性地解决生活中的难题，由此生活就变成了一门艺术。

感谢经济日报出版社社长兼总编辑韩文高先生对本书出版的极大支持，感谢虹露女士和刘伟先生为本书倾注的大量心血，感谢出版社职工为此付出的努力。

最后要感谢我的助手宋晓恒博士，他三年多来一直致力于为国内多家银行、保险和证券公司的理财人员提供培训，他的经验和理念给了我很大启发。还要感谢杨洁涵博士和韩岳峰博士，她们也为本书提供了许多生动的案例和翔实的数据。

理财在中国兴起不过短短几年的时间，作为中国第一代理财人，我们相信，将理财的种子播洒于中华几千年文明的沃土，必将结出丰硕的果实。我们会源源不断地将它们奉献给读者。

让我们的生活由此变得不同，让我们的生命大放异彩。愿读者善加利用书中的理念、方法和技术改善自己的生活，提升生命的品质，使自己的生活从此变成艺术。

黄卫平

2008 年 9 月于中国人民大学明德楼